Oswald von Nell-Breuning

Arbeitet der Mensch zuviel?

Oswald von Nell-Breuning

# Arbeitet der Mensch zuviel?

Herder
Freiburg · Basel · Wien

ZWEITE AUFLAGE

Umschlagfoto: Wolfgang Haut

Alle Rechte vorbehalten – Printed in Germany
© Verlag Herder Freiburg im Breisgau 1985
Herstellung: Freiburger Graphische Betriebe 1985
ISBN 3-451-20381-2

# Vorwort

Bisher mußten wir immer angehalten werden, fleißig zu sein, ernsthaft und angestrengt zu arbeiten; wollten wir unseren Wohlstand und unsere Lebenshaltung steigern, dann mußten wir eben fleißig*er* sein und *mehr* arbeiten. Schon um auch nur die dringendsten Unterhaltsbedürfnisse befriedigen zu können, mußten wir unsere Arbeitskraft bis zum äußersten ausschöpfen; im weitaus größeren Teil der Welt ist dem auch heute noch so. Bei uns dagegen liegt die Arbeitskraft einer erschreckend großen Zahl Arbeitsfähiger und Arbeitswilliger brach, und trotzdem können wir uns immer noch eine Lebenshaltung gestatten, von der wir noch vor wenigen Jahrzehnten nicht einmal hätten träumen können, und in einem fortgeschrittenen Lande wie dem unseren ist auch der Versorgungsstand der Arbeitslosen gesichert.

Aber woher kommt es denn, daß wir diese Arbeitslosen haben, und warum will es uns nicht gelingen, sie „in Arbeit" zu bringen? Gibt es für sie etwa deswegen nichts zu tun, weil *wir anderen* zu viel arbeiten und es infolgedessen für sie an Arbeitsgelegenheit fehlt? Ist uns die Arbeit weggelaufen? Oder haben wir, indem wir die Arbeit immer „rationeller", das heißt zu deutsch immer vernünftiger machten, sie *überflüssig* gemacht und sind obendrein mit allem Eifer daran, sie immer noch überflüssiger zu machen, und wird es schließlich noch dazu kommen, die Arbeitszeit bis auf Null zu verkürzen, die Arbeit restlos abzuschaffen?

Schon einmal, um 1930, hat die drückende Sorge der Massenarbeitslosigkeit auf uns gelegen und hat uns die Machtergreifung des Nationalsozialismus und den Zweiten Weltkrieg eingebracht. Dann aber hat sie sich zurückgebildet und ist zeitweilig sogar in Überbeschäftigung umgeschlagen. Jetzt aber scheint sie sich als Dauerzustand festzusetzen und droht, nur immer noch höher anzusteigen. Soll das seine Ursache darin haben, daß wir *zu viel* arbeiten? Oder nicht vielmehr darin, daß wir unsere Arbeit nicht auf die *rechte Weise* betreiben, einteilen, ordnen und gestalten? Und darin, daß wir vieles, das dringend zu tun wäre, *nicht* tun? Soll es wirklich in unserer Welt von heute – auch in unserem eigenen Land – nicht genug zu tun geben, daß alle arbeitsfähigen und arbeitswilligen Menschen reichlich Gelegenheit hätten, ihre geistigen und körperlichen Anlagen und Fähigkeiten sowohl zu ihrem eigenen Wohl als auch im Dienst und zum Nutzen ihrer Mitmenschen und der Allgemeinheit einzusetzen, wenn wir es nur recht anstellten?

Wenn wir an Gottes Vorsehung glauben, dann kann die Antwort nicht zweifelhaft sein. Nicht der Schöpfer hat die von ihm geschaffene Welt so verbaut, daß wir Menschen keine Gelegenheit hätten, die Anlagen, Fähigkeiten und Kräfte, die er uns geschenkt hat, durch sinnvolle Tätigkeit, das heißt durch Arbeit, zu nutzen und zu entfalten und damit nicht nur uns den eigenen *Unterhalt* zu beschaffen, sondern unserem Leben einen menschenwürdigen sinnvollen *Inhalt* zu geben. Wenn die Welt so verbaut ist, daß es daran fehlt, dann sind wir Menschen es, die sie so verbaut haben. Entweder haben wir den uns vom Schöpfer erteilten Auftrag schon von vornherein nicht begriffen, oder wir haben ihn gründlich fehlerhaft ausgeführt. Dann aber haben wir die Pflicht, zuerst einmal uns auf den rechten Sinn unserer Arbeit zu besinnen und dann nach Mitteln und Wegen zu suchen, um das, was wir durch unsere Fehlleistung angerichtet haben, wieder in Ordnung zu bringen.

Nachdem die Arbeitskämpfe des Jahres 1984 ausgetragen und allseits Ruhe und Besonnenheit wiedergekehrt sind, darf das Interesse an diesen uns gestellten Aufgaben nicht nachlassen; gerade nach diesen Kämpfen muß das *Nachdenken* einsetzen.

Nicht die Antwort auf diese brennenden Fragen, wohl aber einige Anregungen, sogenannte Denkanstöße und Hinweise, versuche ich in den Beiträgen dieses vom Verlag Herder angeregten Bandes zu geben.

Frankfurt am Main - Sankt Georgen,
24. Februar 1985

*Oswald von Nell-Breuning S.J.*

# Inhalt

Vorwort .......................... 5

I Arbeit – was ist das? ............ 11

II Wieviel Arbeit braucht der Mensch zum Leben? ...................... 37

III Steigende Arbeitsproduktivität – Segen oder Fluch? ................... 42

IV Vollbeschäftigung .............. 68

V 35-Stunden-Woche ............. 72

VI Wirtschaft im gesellschaftlichen Umfeld .. 75

VII „Ein Tag in der Woche reicht aus" (Ein Gespräch) ...................... 95

VIII Gibt es zukunftsträchtige Wege, allen Arbeitsuchenden Arbeitsgelegenheit zu verschaffen? .................. 102

IX Arbeitslosigkeit und Umweltzerstörung .. 122

X Ist Freizeit „produktiv"? ........... 127

XI Beschäftigung und Arbeitsteilung in einer künftigen Gesellschaft – ein Wunschtraum? ...................... 138

Mit der steigenden Effizienz der Arbeit und dem entsprechenden Rückgang des zur Mittelbeschaffung benötigten Volumens an Arbeit wird der technologische Sachbereich, den wir „Wirtschaft" nennen, die Kräfte und die Ziele des Menschen immer weniger in Anspruch nehmen; äußerstenfalls könnte er zur selben Zeit, da die Güterfülle ins Unübersehbare wächst, zu einer „Randerscheinung" des menschlichen Lebens werden. Dafür gewinnt das spezifische Wirtschaftliche, die ausgewogene Wahl von Zielen und Mitteln, immer mehr Raum und Gewicht; die menschliche *Entscheidungsfreiheit* und damit die *Verantwortung* wächst.

Aus einem Vortrag des Verfassers, gehalten auf der vom (Österreichischen) Bundesministerium für Unterricht veranstalteten Arbeitstagung „Wirtschaftskunde" für Professoren der allgemeinbildenden Höheren Schulen zu Graz, 26. bis 30. August **1968**.

# I
# Arbeit – was ist das?

Wir alle tun unsere Arbeit, und so meinen wir, aus dieser unserer eigenen Erfahrung wüßten wir sehr genau, *was Arbeit ist*. Selbstverständlich haben wir alle dieses Erfahrungswissen; nichtsdestoweniger täuschen wir uns, wenn wir glauben, wirklich zu wissen und sagen zu können, was Arbeit ist. Man braucht uns nur danach zu fragen; die Frage setzt jeden von uns in Verlegenheit. Antworten darauf gibt es zwar viele, aber keine befriedigt; noch viel weniger genügt eine von ihnen den strengen Anforderungen an eine Begriffsbestimmung; keine vermag die Merkmale anzugeben, die jeder Arbeit ohne Ausnahme, aber auch nur der Arbeit allein eigen sind (‚bona definitio *omni et soli* definito convenit'). Sogar *Johannes Paul II.* mußte diese Erfahrung machen, als er es unternahm, eine Enzyklika über die menschliche Arbeit zu schreiben. Nach gutem scholastischem Brauch hätte er gleich zu Beginn eine Begriffsbestimmung gegeben, um den Leser ins Bild zu setzen, wovon er zu handeln gedenke; ein solcher Versuch wäre jedoch unvermeidlich mißlungen. „Arbeit" als ein Wort unserer Umgangssprache hat nun einmal mit all deren Wörtern gemein, daß wir sie in einer Vielzahl von Bedeutungen gebrauchen mit der Folge, daß es von ihnen eine Begriffsbestimmung weder gibt noch geben kann.

Zwar bestehen zwischen all diesen Bedeutungen ir-

---

*Arbeit – was ist das?* in: Mensch und Arbeitswelt; Festschrift für Josef Stingl zum 65. Geburtstag, hrsg. A. Kohl u.a., Stuttgart 1984, S. 351–367.

gendwelche Zusammenhänge, aber es gibt keine Ur- oder Grundbedeutung, auf die man sie alle zurückführen könnte oder aus der sie sich herleiten ließen. So mußte denn selbst der Papst auf eine Begriffsbestimmung der Arbeit verzichten und sich damit begnügen, eine Umschreibung dessen zu geben, was *er* in diesem seinem Schriftstück unter „Arbeit" verstehe, gleichviel ob andere unter diesem Wort dasselbe verstehen, ihm eine engere oder weitere oder überhaupt eine andere Bedeutung beilegen. Da es ihm ausschließlich um die menschliche Arbeit geht und er die Bezeichnung „Arbeit" im Vollsinn des Wortes überhaupt nur für die menschliche Arbeit gelten läßt, bezeichnet er als „Arbeit" und damit als den Gegenstand seiner Ausführungen „jede vom Menschen vollbrachte Leistung ohne Unterschied des Sachgehaltes oder der Verumständung" oder „jede Art menschlicher Betätigung, die man in den verschiedenen Betätigungsweisen, zu denen der Mensch befähigt ist oder wozu seine spezifisch menschlichen Anlagen ihn hindrängen, und die man als Arbeit ansehen kann und anzusehen pflegt" (so im Vorspann der Enzyklika). Träte er mit dem Anspruch auf, eine Begriffsbestimmung zu geben, müßte er sich den Vorwurf gefallen lassen, er begehe den unverzeihlichen Fehler, ‚idem per idem' zu definieren. Aber diesen Anspruch erhebt er eben nicht, sagt vielmehr schlicht und anspruchslos, unter „Arbeit" verstehe er an dieser Stelle schlechthin alles, was man „Arbeit" zu nennen pflegt und vernünftigerweise „Arbeit" nennen kann.

Daß wir auch vom Tier und von der Maschine sagen, sie „arbeiten", stört ihn nicht und braucht ihn nicht zu stören, da es ihm – wie schon vor ihm *Karl Marx* – einzig und allein um den Menschen und demzufolge um die menschliche Arbeit geht. Daß unsere Sprache die Bezeichnung „Arbeit" auch auf das Tun der Tiere und auf die Leistung der Maschine im Sinne des physikalischen Arbeitsbegriffs erstreckt, erklärt sich offenbar daraus, daß wir in beidem etwas erkennen, das uns von unserer menschlichen Arbeit her bekannt ist, worin es mit ihr übereinstimmt oder doch ihr ähnelt und eben darum uns von unserer eigenen Erfahrung her verständlich ist oder doch verständlich erscheint.

Daß es auch in diesem Beitrag ausschließlich um die menschliche Arbeit geht, versteht sich von selbst. – Untersucht soll werden, was alles unser Sprachgebrauch als „Arbeit" bezeichnet, und – das ist der eigentliche Gehalt und das Ziel dieses Beitrags – was alles er „vernünftigerweise" (!) zur Arbeit zählen *sollte*.

*Der allgemeine Sprachgebrauch*

Sprachgeschichtlich[1] ist bemerkenswert, daß nicht nur in unserer deutschen, sondern auch in den hauptsächlichen heutigen Weltsprachen wie bereits im Lateinischen das Wort „Arbeit" bzw. die ihm entsprechenden Wörter (lat. ‚labor') ursprünglich die Bedeutung von Mühe, Last oder Elend haben, also von etwas, das wir aus unserer Erfahrung als mit der Arbeit verbunden kennen, das aber keineswegs nur der Arbeit eigentümlich ist, vielmehr auch in zahlreichen anderen Erscheinungsformen wiederkehrt.

Die lateinische Sprache unterscheidet deutlich zwi-

---

[1] In „Geschichtliche Grundbegriffe; historisches Lexikon der politisch-sozialen Sprache in Deutschland", hrsg. v. *O. Brunner, W. Conze, K. Kosellek*, nimmt der Beitrag „Arbeit" 60, der Beitrag „Arbeiter" 27 Druckseiten ein.

schen ‚opus' (‚operari') und ‚labor' (‚laborare'); ersteres meint die Tätigkeit und/oder deren Ergebnisse, gleichviel ob mit oder ohne Mühe oder Anstrengung, letzteres schließt diese mit ein oder meint sogar gerade sie an erster Stelle. Ähnlich sprechen wir im Deutschen von Tätigkeit und/oder Tätig-Sein, von Wirken und Wirksamkeit oder gegenständlich vom Werk, wobei die Vorstellung transitiver, d. i. ihren Gegenstand hervorbringender oder gestaltender Arbeit vorschwebt. Ohne Zusatz gebraucht, hat „Arbeit" in unserer heutigen Sprache wohl an erster Stelle den *aktiven* Sinn von menschlicher Tätigkeit; namentlich in manchen Zusammensetzungen bewahrt das Wort aber auch heute noch den *passiven* Sinn von (unnötiger oder vermeidbarer) Mühe, Plage, Zeitverlust u. dgl. m. Aber auch aktivisch verstanden schließt „Arbeit" die mit ihr nicht nur möglicherweise, sondern tatsächlich immer verbundene Mühe oder mindestens Anspannung der Kräfte mit ein.

Insofern bezeichnet Papst *Johannes Paul II.* die Arbeit mit Recht als ein ‚bonum arduum' und bringt damit zum Ausdruck: Arbeit erfordert Anstrengung; diese Anstrengung muß der Mensch sich abringen – ganz anders als beim Spiel, bei dem die damit verbundene Anstrengung selbst zu dem gehört, was das Spiel anziehend macht, zum Spiel lockt und Freude an ihm erleben läßt. Das Ziel, beispielsweise der Gewinn, der Sieg oder gar der Rekord wird nicht aus Not oder um der Pflicht willen angestrebt, ist vielmehr Sache des Beliebens; es steht frei, es anzustreben oder nicht. Die mit diesem Streben verbundene Mühe oder Anstrengung wird nicht als der lästige Preis angesehen, um den es erkauft werden muß, trägt vielmehr ihren Lohn in sich selbst; sie selbst wird als wohltuend, als erfreuend, ja als erhebend empfunden; wird sie dem Spieler zur Last oder zum Überdruß, dann stellt er das Spiel ein.

Anders die Arbeit. Gewiß braucht auch der arbeitende Mensch seine Arbeit nicht als „entfremdend" zu empfinden; auch er, ja gerade er kann in der Anstrengung seiner Arbeit sich selbst erleben. Aber sie steht – wenigstens zumeist – nicht im Belieben; sie muß, auch wenn sie beschwerlich und drückend wird, getan und zu Ende geführt werden, bis sie „geschafft" ist.

Wichtig: die Arbeit ist ein ‚bonum arduum', aber damit ist ausgesagt, sie ist kein Übel, nicht einmal ein „notwendiges Übel", am allerwenigsten ist sie ein Fluch; sie ist objektiv ein Wert oder Gut.

Da es, wie festgestellt, Merkmale, die jeder Arbeit, aber auch nur ihr allein zukommen und mit denen man eine Begriffsbestimmung von ihr erstellen könnte, nicht gibt, bleibt gar nichts anderes übrig, als den Sprachgebrauch darauf zu überprüfen, was alles er als Arbeit bezeichnet und damit erkennen läßt, daß er es als Arbeit versteht.

*Geistige und körperliche Arbeit*

Eine erste Hilfe dazu bieten die gebräuchlichen Einteilungen. Als Beispiel sei hier genannt die Einteilung in geistige und körperliche Arbeit. Da der Mensch ein Geist-Leib-Wesen ist, können als *menschliche* Arbeit nur solche Betätigungen anerkannt werden, an denen er mit Geist und Leib beteiligt ist. Rein geistige oder rein körperliche Tätigkeit, falls es sie überhaupt gibt, könnte zwar Arbeit *des* Menschen, aber nicht menschliche Arbeit, in der Sprache der Schule ‚opus hominis', nicht ‚opus humanum', sein. Mit geistiger bzw. körperlicher

Arbeit ist also gemeint Arbeit, an der der Geist bzw. die körperlichen Organe und Kräfte des Menschen vorzüglichen Anteil haben. So verstanden hat diese Einteilung unbestreitbar ihre Berechtigung; man sollte sie aber nicht übertreiben. Aber auch diese Einteilung ist der Arbeit gemein mit dem Spiel; ganz in diesem Sinne gibt es auch körperliches und geistiges Spiel; das Schachspiel erreicht den Rang der hohen Wissenschaft. Aber auch am Spiel unserer Kinder, bei dem sie sich ihrer erstarkenden körperlichen Kräfte und Fähigkeiten erfreuen, ist ihr Geist keineswegs unbeteiligt; zur geistigen Entfaltung des Kindes trägt sein Spiel kaum weniger bei als seine schulische und andere Arbeit.

Kulturhistorisch ist bemerkenswert, daß nahezu allerorts und allezeit die sogenannte geistige Arbeit als solche, d. i. ohne Rücksicht auf ihr Ergebnis oder ihren Nutzen, hoch geschätzt, die körperliche Arbeit dagegen, ungeachtet ihrer Unentbehrlichkeit, und zwar, je gröber sie ist, umso geringer geachtet zu werden pflegt. Wer geistige Arbeit tut, zählt zur gesellschaftlichen Oberschicht; wer „nur" körperliche Arbeit leistet, zu leisten imstande ist oder Gelegenheit hat oder um der Lebensnotdurft willen leisten *muß*, der zählt zur Unterschicht (Sklaven, Leibeigene, Hörige) oder in unserer „freien" Gesellschaft zur Arbeiterschaft im Gegensatz zum „Bürgertum" oder der „bürgerlichen Gesellschaft". – Die hauptsächlichen Einteilungen der Arbeit finden sich in jedem Lehrbuch verzeichnet; so unentbehrlich sie sind, um den herrschenden Sprachgebrauch zu erschließen, den Weg zu einem richtigeren, einsichtigeren, „vernünftigen" Sprachgebrauch weisen sie nicht.

*Arbeit und Spiel*

Um nichtsdestoweniger zu einer brauchbaren Umschreibung dessen zu gelangen, was „vernünftigerweise" zur Arbeit gezählt werden und die Bezeichnung „Arbeit" führen sollte, könnte man versuchen, durch bestimmte Unterscheidungsmerkmale die Arbeit und andere Sachbereiche, die ihr *nicht* zugehören, gegeneinander abzugrenzen; auf diese Weise ließe sich wohl eine brauchbare Umgrenzung dessen finden, was wir „vernünftigerweise" unter dem Gesamtbegriff „menschliche Arbeit" zusammenfassen. – Das vorstehend bereits benutzte *Begriffspaar* Arbeit und Spiel bietet sich dafür geradezu an. Es hat obendrein den Vorzug, uns auch schon gleich mit der überraschenden Tatsache bekannt zu machen, daß ein und dieselbe Betätigung sowohl Arbeit als auch Spiel sein kann und von uns ganz bewußt das eine Mal als Arbeit, das andere Mal als Spiel, manchmal auch als beides zugleich betrieben wird. Sportlich betätigen können wir uns einfach deswegen, weil es uns Vergnügen macht: Sport als Spiel. Wir können uns ihm aber auch widerwillig, etwa aus gesundheitlichen Gründen unterziehen, obwohl er uns lästig fällt. Durch sog. Ausgleichsport können wir uns gleichzeitig spielerisch entspannen und für unsere Arbeit wieder „fit" machen. Der Artist betreibt den Sport als Erwerbsberuf; Spitzensport dürfte unter heutigen Umständen – entgegen der ursprünglichen „Olympischen" Idee! – wohl ausschließlich von Profis als Erwerbsberuf ausgeübt werden: Sport als (Hochleistungs-)Arbeit.

Das Unterscheidungsmerkmal, den Vorrang oder den sittlichen Adel, den wir der Arbeit im Gegensatz zum Spiel zuerkennen, habe ich in meinem Beitrag zu dem von *W. Brugger* herausgegebenen „Philosophischen

Wörterbuch"[2] folgendermaßen zum Ausdruck zu bringen versucht: „Der Mensch arbeitet, wenn er seine geistigen oder körperlichen Kräfte betätigt in der Richtung auf ein ernstgemeintes Ziel, das erreicht oder verwirklicht werden will". Als die Arbeit auszeichnende Merkmale sind damit Ernsthaftigkeit und Zielstrebigkeit herausgestellt. Die Arbeit will zu einem Ergebnis führen; dieses Ziel selber ist etwas Ernsthaftes und die Bemühung darum wird ernst genommen. (Das schließt nicht aus, daß auch das Spiel zu einem „Ziel" führt, und dieses Ziel kann als solches erstrebt werden; auch dieses Zielstreben kann, wie schon gesagt, mühevoll sein, kann höchste Anstrengung erfordern.) Um dieser ihr eigentümlichen, sie vom Spiel unterscheidenden und über das Spiel erhebenden Ernsthaftigkeit und Zielstrebigkeit willen schreiben wir der Arbeit sittliche Würde zu, die ihr Unterscheidungsmerkmal gegenüber dem Spiel bildet, und anerkennen als Arbeit nur ernsthaftes, auf ein Ergebnis oder Ziel gerichtetes Tun an, dem um dieses angestrebten Erfolges willen sittlicher Wert oder Unwert zukommt. Wo es dem Menschen darum geht, einen von ihm als werthaft angesehenen Erfolg herbeizuführen und er dafür seine geistigen und/oder körperlichen Kräfte einsetzt, gleichviel worin in concreto dieser Erfolg besteht, da sprechen wir von Arbeit.

Um dieses ihres sittlichen Gehaltes, um der mit ihr verbundenen sittlichen Verantwortung oder Verantwortlichkeit willen räumen wir ihr einen höheren sittlichen Rang ein als dem sozusagen um seiner selbst

---

[2] Der vor mehr als 40 Jahren noch im 2. Weltkrieg niedergeschriebene Beitrag ist von der 1. Auflage (1947) bis zur letzterschienenen 14. Auflage (1976) unverändert beibehalten; nur die Schrifttumsangaben sind nachgeführt.

willen, d. i. um des ihm eigentümlichen Reizes oder um des eigenen oder zugleich auch anderer Vergnügens willen betriebenen Spiel. Nicht so, als ob das Spiel ethisch neutral oder ethisch indifferent oder gar anethisch wäre; auch das Spiel ist voll-menschliches und darum verantwortliches menschliches Tun; auch mit dem Spiel erstrebt der Mensch ein Ziel oder einen Zweck, nur liegt dieser im Spiel selbst, führt nicht darüber hinaus, dient keinem außer ihm liegenden höheren Zweck, erschöpft sich vielmehr in ihm selbst.

Viel zu unserer Hochschätzung der Arbeit und der vergleichsweisen Minderschätzung des Spieles trägt zweifellos der Umstand bei, daß die Arbeit und die mit ihr verbundene Mühe und Anstrengung ganz überwiegend als Pflichterfüllung geleistet wird. Das ändert aber nichts daran, daß nicht nur pflichtmäßig geleistete oder über das Pflichtmaß hinausgehende, sondern auch pflichtwidrige, ja verbrecherische Betätigung „Arbeit" im Vollsinn ernsthaften und zielgerichteten Tuns ist oder mindestens sein kann.

Unser Sprachgebrauch ist da allerdings nicht ganz konsequent. Es gibt vielerlei ernsthaftes und zielgerichtetes Tun, dem wir die Bezeichnung „Arbeit" nur mit Vorbehalt gewähren oder auch rundweg versagen. Dazu gehört beispielsweise das gesamte Militärwesen. Der Soldat wird in hohem Grade strapaziert; die Ausbildung, der er sich unterziehen muß, ist im höchsten Grade zielgerichtet; trotzdem sagen wir nicht, der Soldat „arbeite", sondern er „diene", nennen seine Anstrengung nicht „Arbeit", sagen vielmehr, er sei während seiner „Dienst"-Zeit dem Arbeitsleben entzogen und kehre nach deren Ablauf wieder ins Arbeitsleben zurück. Vielleicht allerdings handelt es sich hier nur um eine „elliptische" Redeweise, indem unter „Arbeitsleben" der ausgelassene Zusatz „zivil" oder „bürgerlich" stillschweigend mitverstanden wird.

Ebenso liegt es wohl nur am Sprachgebrauch, daß wir gerade hohe, angesehene und verantwortliche Tätigkeiten wie die des Staatsmannes, des Verwaltungsmannes oder des Richters, überhaupt der „Behörden", aber auch die dispositive Tätigkeit, das Schalten und Walten des Unternehmers, die alle unbestreitbar echte „Arbeit" sind, *nicht* als Arbeit, sondern je nach ihrem Sachgehalt als regieren, verwalten, entscheiden u. dgl. m. bezeichnen, ja im Raume der Wirtschaft, wenn wir „Arbeit" sagen, gerade die Tätigkeit des Unternehmers ausschließen und nur die ausführende Tätigkeit der Arbeitnehmer meinen; darauf wird an späterer Stelle zurückzukommen sein.


*Arbeit und Erwerb*

An dieser Stelle sei vorweg auf die in unserem Beispielfall des Sports auftretende *Besonderheit* eingegangen, daß ganz im Gegensatz zur allgemeinen Regel und Erfahrung das Spiel des Amateurs höher gewertet wird als die harte Arbeit des Profi. Dieser Wertung kann offenbar nicht das ethisch fundierte und ethisch relevante Unterscheidungsmerkmal der Ernsthaftigkeit und Zielgerichtetheit zugrundeliegen; stattdessen muß vielmehr ein Merkmal oder ein Wertmaßstab völlig anderer Art, wenn nicht gar ein gesellschaftliches Vorurteil im Spiele sein und die ethische Wertung verdrängen oder in ihr Gegenteil verkehren. In der Tat ist dem so. Das Spiel des Amateurs gilt als eine feine und noble Sache und wird gesellschaftlich als solche hoch gewertet; das harte Training des Profi ist eine „gewöhnliche", sozial nicht nobilitierende, sondern deklassierende Angelegenheit. Der Sport des Amateurs gilt in „gesellschaftlichen Kreisen" und ist für ihn selbst etwas Ideelles, ein *Ideal*gut, und wird von ihm selbst als solches betrieben; genau der gleiche Sport ist für den Profi etwas brutal Reales, ein ökonomischer *Real*wert, und wird von ihm selbst als solcher, d. i. um des materiellen Erfolges willen mit dem Ziel der materiellen Entlohnung, m. a. W. als Erwerbsberuf ausgeübt (was keineswegs ausschließt, daß auch der Ehrgeiz als starke Motivkraft einfließt). In der herrschenden Meinung kommt hier offenbar nicht der sittliche Adel der Arbeit zum Tragen, sondern die *snobistische* Geringschätzung des Erwerbslebens überhaupt und der unselbständigen Erwerbstätigkeit im besonderen – Nachwirkung des vom klassischen Altertum überkommenen, offenbar unausrottbaren Vorurteils, wer andere für sich arbeiten lassen kann, sei ein feiner Herr; wer selber arbeiten muß, ist nur ein unbeachtlicher kleiner Mann; wer dreckige Arbeit tun muß, den achtet man auch selbst nur als einen dreckigen Kerl.

So müssen wir feststellen, daß wir auch heute noch – bewußt oder unbewußt – sehr verschiedene Wertmaßstäbe anlegen.

Für die päpstliche Wertung der menschlichen Arbeit ist ausschlaggebend, daß die Arbeit von der menschlichen *Person* ausgeht; ihr liegt das Gegensatzpaar von ‚actus hominis' und ‚actus humanus' zugrunde. An vielem, was der Mensch tut, beispielsweise seiner Atmung, seinem Herzschlag, seinem Schlaf ist nur sein physischer Organismus beteiligt; das ist Tun oder Lassen *des* Menschen, aber kein im eigentlichen Wortsinn menschliches Tun. Zum „menschlichen" Tun und damit zur Arbeit, wie der Papst sie versteht und wie sie hier verstanden wird, gehört wesentlich, daß sie vom Menschen als Person ausgeht. Weil an jeder denkbaren menschlichen Arbeit, gleichviel was ihr Gegenstand oder ihr Sachgehalt ist, notwendig immer und ausnahmslos der *ganze* Mensch und damit seine Menschenwürde beteiligt ist, nimmt sie auch ebenso immer und ausnahmslos an seiner Menschenwürde *teil*.

Das schließt nicht aus, sie je nach ihrem Gegenstand oder Sachgehalt höher oder niedriger einzustufen, aber das ist sekundär; niemals kann der Gegenstand oder der Sachgehalt der Arbeit den arbeitenden Menschen in seiner Menschenwürde beeinträchtigen oder gar verletzen; das kann nur die verwerfliche Gesinnung oder Zielsetzung, mit der er seine Arbeit verrichtet. Im ausgesprochenen Gegensatz dazu legt die herrschende Meinung unserer Gesellschaft, legen insbesondere die Kreise, die sich selbst als „die Gesellschaft" verstehen und bezeichnen, das entscheidende Gewicht auf Art und Sachgehalt der Arbeit, ob sie mehr geistig oder mehr körperlich ist, ob sie mehr theoretische oder mehr praktische Qualifikation erfordert oder einzusetzen und zu verwerten Gelegenheit bietet, ob man einen weißen oder blauen Kittel dabei trägt, ob das, was man tut, gelernte, angelernte oder ungelernte Arbeit ist.


*Der Dienst der „Honoratioren"*


Die bereits im Zusammenhang mit Arbeit und Spiel zur Sprache gebrachte abschätzige Wertung der Leistung des Profis als *um des Entgeltes willen* erbrachte und darum „nur" als Arbeit zu wertende Leistung ist nur *ein* Beispiel für die „gesellschaftliche" Wertung des Erwerbs und der Erwerbstätigkeit überhaupt. Obwohl schon seit

## Der Dienst der „Honoratioren"

längerer Zeit im Absterben begriffen, spielt sie auch heute noch bis ins Steuerrecht hinein eine in mehrfacher Hinsicht fragwürdige Rolle.

Noch zur Zeit unserer Großmütter bis etwa zum 1. Weltkrieg galt es für Angehörige der gesellschaftlichen Oberschicht, der sogenannten guten Gesellschaft, als unter ihrer Würde, einen Erwerbsberuf auszuüben. Sie bezogen ihr Einkommen aus *fremder* Arbeit. Die Tätigkeit, die sie ausübten, etwa im militärischen oder zivilen öffentlichen Dienst, in Regierung, Verwaltung, Rechtsprechung, Unterricht u. a. m., war keine „Erwerbstätigkeit" und galt, selbst wenn sie nicht nur mit Verantwortung, sondern auch mit viel Mühe, Last und Verdruß verbunden war und viel Zeit in Anspruch nahm, nicht als Arbeit und schon gar nicht als Erwerbstätigkeit und wurde daher auch nicht durch einen materiellen Gegenwert entgolten („bezahlt"), wurde vielmehr „honoriert". Wer solche Dienste leistete, zählte zu den *„Honoratioren"* und hatte als solcher „ehrenhalber" zu dienen und empfing, um seinen Lebensunterhalt nicht erarbeiten zu müssen, vielmehr sich ganz seinem „Dienst" widmen zu können, einen „Ehrensold", der danach bemessen war, daß er ihm und seiner Familie eine Lebenshaltung ermöglichen sollte, die den Rang seines Amtes zum Ausdruck brachte; an Entlohnung der Leistung zum (materiellen) Gleichwert war auch nicht von ferne gedacht. Grundsätzlich verstehen wir auch heute unsere Beamtenbesoldung noch so; faktisch allerdings verfällt heute auch in weiten Kreisen der Beamtenschaft dieses Bewußtsein; der Unterschied zwischen Beamtenbesoldung und tariflicher Entlohnung der Arbeit verflacht sich mehr und mehr.

„Honoratioren" sind oder als solche gelten mehr oder weniger auch heute noch die sogenannten Freiberufler wie Ärzte, Rechtsanwälte, Wirtschaftsprüfer und Steuerberater, aber auch „freiberuflich" tätige Journalisten, Künstler und Wissenschaftler („Gelehrte") und andere, die zwar zum sehr großen Teil ihren Beruf ganz bewußt und gezielt als Erwerbsberuf, d. i. mit dem Ziel Einkommen zu erzielen, ausüben, nichtsdestoweniger aber sich ihre Leistungen nicht „bezahlen", sondern „honorieren" lassen. Auch diese Tätigkeiten, nicht nur solche rein verwaltender oder beratender Art wie diejenige beamteter Hoheitsträger, sind bis heute noch nicht voll und ganz in die Ebene der bloß oder doch vorzugsweise um des Erwerbs willen (als ‚job') betriebenen Tätigkeiten eingeebnet; etwas von dem Glanz, daß sie ehrenhalber ausgeübt wurden, haben sie bis heute bewahrt.

In der Ebene der reinen Erwerbstätigkeit finden wir die Beschaffung der Unterhaltsmittel oder des im weitesten Sinn verstandenen Lebensbedarfs. Das ist die Welt, der wenigstens bisher der mengenmäßig größte Teil aller von Menschen geleisteten Arbeit angehört, die Welt der Wirtschaft. Von denen, die in diesem Raum ihre Arbeit verrichten, zählen zu den „Honoratioren" nur die leitenden Persönlichkeiten der großen Unternehmen, gilt doch für einen Großteil namentlich der meinungsbildenden Zeitgenossen die Wirtschaft bis heute noch nicht als Kultursachbereich, sondern als bloßes Unter- oder Kellergeschoß der menschlichen Kultur. In diesem Raum kommt nun aber – sozusagen quer zu der vorstehend dargelegten Rangstufenfolge – jene Differenzierung voll zum Tragen, die insgeheim bereits in unserem Beispielfall des Sports für die Minderachtung der „Arbeit" des Profi im Vergleich zum „Spiel" des Amateurs ausschlaggebend war, nämlich der Unterschied zwischen *selbständiger und unselbständiger* (Erwerbs-)Tätigkeit.

*Selbständige und unselbständige Arbeit*

Die selbständige Arbeit im Raume der Wirtschaft, d.i. die unternehmerische Tätigkeit, ist verhältnismäßig unproblematisch, wenngleich die Grenzen zwischen dem im Vollsinn des Wortes „selbständig", d. i. mit eigenem Kapital und – dies ist wesentlich – auf eigene Rechnung und Gefahr wirtschaftenden Unternehmer und dem „beauftragten" Unternehmer („Manager") und nochmals der Gruppe der sog. leitenden Angestellten sich mehr oder weniger zu verwischen beginnen. Problematisch und daher Gegenstand der „Sozialen Frage" des 19. Jahrhunderts bei uns und heute in den Entwicklungs- und sog. Schwellenländern ist die im Rechtsverhältnis des zwischen dem Arbeitgeber und dem Arbeitnehmer geschlossenen Dienstvertrages (BGB §§ 611–630) ausgeübte Erwerbstätigkeit und die damit gegebene „Lebenslage der abhängigen Arbeit."

Daß dieses Rechtsverhältnis auch in anderen Räumen (Kultursachbereichen) außerhalb der Wirtschaft nicht nur angewandt wird, sondern ganz allgemein gebräuchlich ist, ändert nichts daran, daß es seine Heimat in der Wirtschaft hat und nicht nur für die privatkapitalistische, sondern ganz gleicherweise auch für die staatskapitalistische („kommunistische") Wirtschaft geradezu *konstitutiv* ist. Unter unseren Verhältnissen, wo der Anteil der selbständig Erwerbstätigen sich ständig verringert und dem schon längst weit überwiegenden Anteil der *un*selbständigen zuwächst, haben wir uns angewöhnt, wenn wir *diese* Art von Arbeit meinen, kurz „Arbeit" zu sagen, und, wenn wir „Arbeit" ohne Zusatz oder Einschränkung (,sans phrase') hören, eben nur *diese* eine Art von Arbeit und keine andere zu verstehen. Im Vergleich zur Arbeit in dieser einen Rechtsgestalt (wir bezeichnen sie, obgleich das dafür gezahlte Entgelt keineswegs immer die Bezeichnung „Lohn" führt, meist kurz als „Lohnarbeit") treten alle anderen Arten von Arbeit an Umfang und Bedeutung derart in unserer Vorstellung zurück, daß wir sie aus dem Blick verlieren und nur zu leicht in den Irrtum verfallen, man könne sie außer acht lassen und über sie hinweggehen.

Immer wieder vergessen wir, daß für den größeren Teil der Menschheit auch heute noch die Einheit von Haushalt und Betrieb fortbesteht und der größere Teil aller von Menschen zur Beschaffung der Unterhaltsmittel geleisteten Arbeit in bäuerlichen, handwerklichen und ähnlichen Familienbetrieben vom Haushaltsvorstand und „mithelfenden Familienmitgliedern" geleistet wird.

Selbst der Gesetzgeber erliegt immer wieder dem Irrtum und der Versuchung, diese auch bei uns noch weitverbreitete Art der Arbeit in ihrer Bedeutung zu unterschätzen und seine gesetzgeberischen Maßnahmen auf die Arbeit in der Rechtsgestalt der Lohnarbeit und auf deren Bedürfnisse zu beschränken. So befaßt sich denn auch unser gesamtes individuelles und kollektives *Arbeitsrecht,* wenn wir vom Grundrecht der freien „Berufs"-Wahl und der gesetzlichen Regelung der Berufsausübung (GG Art. 12) und von gewissen Unschärfen am Rande (zum Beispiel Heimarbeit) absehen, ausschließlich mit der Arbeit in diesem Rechtsverhältnis.[3] Unbestreitbar sind sie seit Aufkommen der Indu-

---

[3] Auch an andere Randunschärfen wäre zu denken, etwa an die vom Aufsichtsrat mit den Vorstandsmitgliedern geschlossenen Anstellungsverträge, die ihre Grundlage im Gesellschaftsrecht (Aktiengesetz) haben und deren wesentliche Rechte und Pflichten ebendort umschrieben sind. Als gesetzliche Vertreter der AG sind die Vorstandsmitglieder zwar der Rechtsform nach Arbeitnehmer; dem Sachverhalt, d.i. ihrer Funktion nach sind sie Arbeitgeber.

striewirtschaft uns beschäftigenden sozialen Probleme in der Hauptsache mit der Arbeit in dieser Rechtsgestalt verbunden; nichtsdestoweniger muß mit Nachdruck betont werden, daß auch unter den heutigen Verhältnissen andere Arten von Arbeit, d. i. Arbeiten in anderen Rechtsgestalten, nicht nur in allergrößtem Umfang fortbestehen, sondern nach wie vor für Gesellschaft und Wirtschaft unentbehrlich sind, leider jedoch nicht nach Gebühr gewürdigt und berücksichtigt werden. An der Geringschätzung und Vernachlässigung namentlich der in der Familie, in den Haushalten und in der Kindererziehung geleisteten Arbeit trägt unsere Gewöhnung, wenn wir von Arbeit reden oder reden hören, darunter nur die Lohnarbeit zu verstehen, ein großes Stück Mitschuld.

Gewiß gibt es die Lohnarbeit und das Lohnarbeitsverhältnis nicht erst im Zeitalter der Industrie; der „Tagelöhner" ist uns eine schon von beiden Testamenten der Hl. Schrift her vertraute Gestalt. Typisch für unser Zeitalter ist nur die immer weitere Ausbreitung der Arbeit in dieser Rechtsgestalt und im Zusammenhang damit ihre lebenslange Dauer und Vererblichkeit; ein immer größerer Teil der Bevölkerung wird in diese Lebenslage der abhängigen Arbeit hineingeboren und bleibt mehrheitlich nicht nur lebenslang ihr verhaftet, sondern vererbt sie auch auf seine Nachkommenschaft.

Für diese Lage der großen Mehrheit der Bevölkerung hat man die Bezeichnung „Proletariat" bzw. „Proletarität" geprägt und den dahin führenden Prozeß „Proletarisierung" benannt. Diese Bezeichnungsweise ist inzwischen wieder außer Gebrauch gekommen. Die ursprüngliche Wortbedeutung von Proletarität, nämlich Unsicherheit der Lebenslage als Folge der Notwendigkeit, eine Arbeitsstelle zu suchen ohne die Gewißheit, sie zu finden, ist trotz der immer wieder auftretenden

Arbeitslosigkeit der Vergessenheit anheimgefallen; die ursprünglich damit zusammenhängende unzulängliche Versorgungslage, das Leben hart an der Grenze des Existenzminimums, ist bei uns im großen und ganzen überwunden. Demzufolge ist die Frage, ob unsere heutige Gesellschaft in der Bundesrepublik Deutschland sowohl meritorisch, d. i. dem Sachverhalt oder Tatbestand nach, als auch terminologisch, d. i. nach korrektem wissenschaftlichem Sprachgebrauch, als aus einer „bürgerlichen" und einer „proletarischen" Klasse bestehende „Klassengesellschaft" anzusehen und zu bezeichnen sei, lebhaft umstritten.

Zu dieser Streitfrage braucht hier nicht Stellung genommen zu werden. Hier ist nur festzuhalten, daß die außer in der jüdisch-christlichen Überlieferung ganz allgemein herrschende Geringschätzung, ja Mißachtung der körperlichen Arbeit an der *un*selbständigen Erwerbstätigkeit mit ihrer „Lebenslage der abhängigen Arbeit" bis heute haften geblieben ist. Viele Arbeiten vor allem körperlicher Art deklassieren dann, aber auch nur dann, wenn sie als *un*selbständige Erwerbsarbeit ausgeführt werden. Anders, wenn sie in selbständiger Erwerbstätigkeit oder aus Liebhaberei („Amateursportler"!) oder „ehrenhalber", bspw. zur Förderung eines „guten Zweckes", geleistet werden, dann deklassieren sie nicht, erfreuen sich vielmehr gesellschaftlicher Hochschätzung. Wer mit der Schaufel in der Hand sich an der Anlage eines öffentlichen Erholungsparks beteiligt, wer sich bei der freiwilligen Feuerwehr engagiert, den mindert auch die gröbste körperliche Arbeit nicht in seinem gesellschaftlichen Ansehen, viel eher erweist sie ihn *als* oder erhebt ihn *zum* „Honoratioren".

So erscheint ein und dieselbe Tätigkeit, je nachdem ob sie selbständig und damit aus freiem Entschluß oder *un*selbständig und damit unter dem Zwang, den Lebensunterhalt zu erdienen, die elementaren Lebensbedürfnisse zu befriedigen, geleistet wird, das eine Mal gesellschaftlich hinabdrückend („deklassierend"), das andere Mal gesellschaftlich hinaufhebend („nobilitierend"). Die allgemeine Minderschätzung der Wirtschaft überhaupt und des Erwerbes im besonderen schlägt nur bei der *un*selbständigen Erwerbstätigkeit voll durch; die selbständige Erwerbstätigkeit wird nur noch in abgeschwächtem und offenbar sich weiter abschwächendem Maß davon mitbetroffen.

*Erwerbstätigkeit in der arbeitsteiligen Wirtschaft*

Aber noch eine ganz andersartige Differenz liegt hier vor, und zwar nicht erst seit neuerer Zeit. Die Agrarwirtschaft wie auch die Wirtschaft des „Oikos", die Gesamtversorgung im Haushalt der patriarchalischen Großfamilie, hat niemals unter der Geringschätzung des Erwerbslebens zu leiden gehabt. Offenbar ist Erwerb und Erwerb nicht immer das gleiche.

Die Wirtschaft des Oikos erstellt als Selbstversorger alle Gegenstände und erbringt alle Dienstleistungen des eigenen Bedarfs. Das wird offenbar als gut und richtig angesehen; das bedarf keiner Rechtfertigung; darin sieht man überhaupt keinen „Erwerb"; was man selbst erstellt oder erbracht hat, das „*hat"* man eben; das braucht man nicht erst noch zu „*erwerben"!* In der *arbeitsteiligen* Wirtschaft dagegen erstellt bzw. erbringt der Erwerbstätige nicht jeder für sich die Gegenstände und Dienstleistungen seines eigenen Bedarfes und seiner Familie; seine Tätigkeit richtet sich vielmehr auf den Erwerb eines *Einkommens* in abstrakter Geldgestalt als Entgelt *für* seine Arbeit; hier fallen der Produktionsakt und der Erwerbsakt, die Wertschöpfung als real-konkrete und der Erwerb als nominell-abstrakte Größe *auseinander*.

Die dank der Arbeitsteilung unerhört vervielfachte Produktion und die dadurch ermöglichte unvergleichlich reichlichere Befriedigung nicht nur der Elementarbedürfnisse, sondern auch einer Fülle und Vielfalt höherer („kultureller") Bedürfnisse, nehmen wir als problemlos selbstverständlich hin; dabei entgeht unserer Aufmerksamkeit der *Preis,* den das kostet, nämlich diese Verselbständigung des Erwerbsaktes und seine Trennung vom Produktionsakt. Der Arbeiter im arbeitsteiligen Wirtschaftsprozeß kann sich nicht rühmen, er erstelle durch seine Arbeit seinen und seiner Familie Lebensunterhalt; an Stelle dessen, was er produziert, *erwirbt* er den Rechtsanspruch auf einen Geldbetrag. Der Wert, die Güte seines Produktes oder seiner Dienstleistung verliert für ihn an Interesse und kann für ihn völlig *un*interessant werden; darin liegt unverkennbar zum mindesten die Gefahr einer „Entfremdung" von seinem Werk und damit von seinem „Werkeln" und letzten Endes von sich selbst. Je mehr er sein Augenmerk auf den Erwerb eines (selbstverständlich möglichst hohen) nominellen Entgeltes richtet, entleert seine Arbeit sich ihres Sinngehaltes. Ihren ursprünglichen Sinn erkennt er nicht mehr in ihrem „Er*trieb*", d.i. in dem, was sie – gleichviel, ob für ihn selbst oder für andere – an *ob*jektiv nützlichen Dingen *hervor*bringt, sondern in ihrem „Er*trag*", d.i. in dem, was sie ihm *sub*jektiv als Entgelt für seine Mühe *ein*bringt. Damit hat sie einen Großteil ihrer Bedeutung für seine eigene persönliche Entfaltung und für ihren Dienst am gemeinen Besten eingebüßt, ist individual- und sozialethisch in hohem Grad entwertet; der „Beruf" ist abgewertet zum ‚job'.

Hier ist denn wohl auch die Erklärung für die befremdende Erscheinung zu finden, daß die *Landwirtschaft*, obwohl sie heute ganz ausgesprochenermaßen um des reinen Gelderwerbs betrieben wird (man denke nur an die Agrarpolitik der EG!), niemals der Geringschätzung als Erwerbsberuf verfallen ist und der Großgrundbesitz noch bis in jüngere Zeit zusammen mit dem hohen Beamtentum und dem Offiziersstand den höchsten gesellschaftlichen Rang einnahm, allein „hoffähig" war. In der Landwirtschaft sah man (und sieht man vielfach heute noch) den gesellschaftlichen „Stand", der seine Arbeit nicht um des Gelderwerbs, sondern um unserer Ernährung willen leistet und darum Anspruch auf unseren Dank und unsere Hochschätzung hat.[4]


*Unbegrenztes Erwerbsstreben*


Eine zusätzliche Belastung des Erwerbslebens und der Erwerbsberufe besteht darin, daß, während unser Bedarf an konkreten Gütern immer nur begrenzt ist und infolgedessen unser Streben danach eine innere Begrenzung in sich trägt, dem als Streben nach einem Einkommen oder Vermögen in abstrakter Geldgröße verstandenen Erwerbsstreben eine solche innere Be-

---

[4] Die Vorzugsbeleuchtung, in der die Agrarwirtschaft uns erscheint, verdankt sie ihrem Charakter als Urproduktion. Kein Wunder daher, daß auch andere Zweige der Urproduktion im gleichen Lichte stehen und demzufolge auch an ihrer vorzugsweisen Wertschätzung mehr oder weniger teilhaben, so an erster Stelle der (Steinkohlen-) Bergbau.

grenzung *fehlt*. Infolgedessen erreicht ein solches Erwerbsstreben niemals sein Ziel, findet niemals seine Erfüllung, kommt niemals zur Ruhe. Es drängt immer weiter ins Ungemessene und reißt nur allzu leicht den Menschen mit sich fort – ganz im Sinne der betriebswirtschaftswissenschaftlichen Lehre von der „Gewinnmaximierung" als dem Ziel des Unternehmens. – Diese Eigenart des Erwerbsstrebens trägt sehr zu dem kritischen Vorbehalt bei, mit dem wir den Erwerbsberufen begegnen. Die ethisch werthafte Motivation, die wir anderen Berufen ohne weiteres unterstellen, versagen wir den Erwerbsberufen; statt der günstigen Rechtsvermutung bürden wir ihnen die Beweislast für die Lauterkeit ihrer Motivation auf.

Alle sowohl in selbständiger als auch in *un*selbständiger Erwerbstätigkeit geleisteten Arbeiten werden auch in illegaler Weise als sogenannte *Schwarzarbeit* ausgeführt; zur Zeit breitet diese illegale Art zu arbeiten sich stark von neuem aus. Unsere Wirtschafts-, Sozial- und nicht zuletzt Steuerpolitik hätten allen Grund, sich ernsthaft zu fragen, ob sie nicht nur in großem Ausmaß Gelegenheiten dazu eröffnen, die sich bei gehöriger Sorgfalt vermeiden ließen, sondern geradezu Anreize dazu bieten und in Versuchung dazu führen. Dieses beklagenswerte Thema soll ungeachtet seiner hohen Aktualität hier nicht vertieft werden.

### *Arbeit der Hausfrau*

So verbleibt als ganz wichtiges Thema, von jener Arbeit zu handeln, die wir, wenn wir von „Arbeit" reden, immer wieder übersehen und vergessen, obwohl sie nicht nur weltweit gesehen die weitaus größte Menge aller überhaupt geleisteten Arbeit ausmacht, sondern auch bei uns der im Lohnarbeitsverhältnis geleisteten Arbeit nicht nachstehen, sie der Menge nach viel eher übertreffen dürfte.

Gewirtschaftet wird nicht allein in dem Bereich, den wir als „die" Wirtschaft zu bezeichnen pflegen, d. i. in den Betrieben bzw. Unternehmen, sondern ebenso in den *Haushalten*. Auch nachdem ein immer größerer Teil der Produktion aus den Haushalten in die Betriebe ausgewandert ist, ist eine Vielzahl von im höchsten Grade lebenswichtigen Tätigkeiten in den Haushalten verblieben, namentlich solche, die geradezu ihrer Natur nach ihren Platz im Haushalt haben, ja auf den Haushalt angewiesen sind, so daß, wenn sie aus irgend einem Grunde im Familienhaushalt nicht geleistet werden können, sozusagen ersatzweise eigene Anstaltshaushalte (Waisenhäuser, Altersheime, Krankenhäuser u. a. m.) für sie eingerichtet werden müssen. Auch nachdem die meisten Stufen des Produktionsprozesses der Gebrauchs- und Verbrauchsgüter aus den Haushalten in die Betriebe hinausverlagert sind und dieser Wandel noch weiter fortschreitet, wird ein Teil dieser Güter immer noch erst in den Haushalten zur letzten Konsumreife aufbereitet; zum mindesten gekocht wird auch heute noch in den allermeisten Haushalten; für den Haushalt ist der „eigene Herd" auch heute noch mehr als ein bloßes Symbol.

Daß den Haushalt zu führen „Arbeit *macht*", d. i. eine Menge ernsthafter und zielgerichteter, obendrein zum guten Teil auch noch mühsamer Betätigungen erfordert oder darin besteht, verkennt und bestreitet wohl niemand, mag auch das Ausmaß dieser Bemühungen erheblich unterschätzt werden. – Wird diese nach herkömmlicher „geschlechtsspezifischer" Zuweisung überwiegend von weiblichen Personen verrichtete Arbeit im Haushalt von dienstvertraglich angestellten und *entlohnten*, früher als „Dienstboten" bezeichneten Kräften geleistet, dann zählt sie selbstverständlich als regelrechte Arbeit und erscheint als solche in der volkswirtschaftlichen Gesamtrechnung und ist im statistisch ausgewiesenen Sozialprodukt enthalten.

Eben dies gilt jedoch nicht für die von der überwältigenden Mehrheit der im familienrechtlichen Rechtsverhältnis von den Ehefrauen oder von alleinstehenden Frauen und Müttern geleisteten Haushaltsarbeit. Soweit diese Frauen, um sich dieser Arbeit widmen zu können, auf einkommensträchtige außerhäusliche Erwerbstätigkeit verzichten, bedeutet das für sie obendrein, falls sie nicht Einkommen aus anderen Quellen beziehen, den Verzicht auf verfügbares Einkommen überhaupt mit allen daraus sich ergebenden Beschränkungen und Nachteilen, nicht zuletzt der Verhinderung, Anspruch auf Alterssicherung aus *eigenem* Recht zu erwerben.

Dieses unser Herkommen, der von der Hausfrau geleisteten Arbeit die Anerkennung als Berufstätigkeit zu versagen, die Hausfrau vielmehr als „o. B." (ohne Beruf) zu bezeichnen, scheint allmählich als den Hausfrauen angetanes Unrecht erkannt zu werden. Die ungerechte, schwere Benachteiligung der Frauen hinsichtlich der Altersversorgung soll auf Verlangen des Bundesverfassungsgerichts nun endlich abgestellt werden. Damit, daß diese ganze Arbeit der Hausfrauen in der konventionellen volkswirtschaftlichen Gesamtrechnung und im Sozialprodukt nicht aufscheint, hat man sich, obwohl die Fragwürdigkeit des Erkenntniswertes einer solchen Rechnung längst durchschaut ist und als bedenklicher Mangel beklagt wird, offenbar abgefunden.

Werden gemäß der überkommenen Modellvorstellung durch die außerhäusliche Erwerbstätigkeit des Vaters ausreichende Unterhaltsmittel beigebracht und die Mutter dadurch der Notwendigkeit zusätzlichen außerhäuslichen Erwerbs enthoben, dann verbleibt ihr außer der *ökonomischen* Versorgung (Beköstigung, Bekleidung, Behausung u. a. m.) die *humane* Betreuung, über die bloße physische „Aufzucht" hinaus die Pflege der menschlichen Beziehungen, vor allem die *Erziehung* der Kinder.

## *Arbeit und menschliche Zuwendung*

Damit ist der ökonomische Bereich eindeutig überschritten und stellt sich die Frage, ob diese Pflege menschlicher Beziehungen durch Zuwendung, sei es der Ehegatten zueinander, sei es der Eltern zu den Kindern, noch zur „Arbeit" zählt. Verbinden wir mit „Arbeit" vor allem die Vorstellung von Mühe und Last, dann widerstrebt es uns, die Bezeichnung „Arbeit" auf solche Bereiche zu erstrecken, in denen der Mensch die beglückende Erfüllung seines Lebens finden soll und, wenn er es an sich nicht fehlen läßt, dank Gottes Güte auch findet. Besinnen wir uns jedoch darauf, daß wir unter „Arbeit" jede ernsthafte und zielgerichtete menschliche Betätigung verstehen, dann kann kein begründeter Zweifel daran sein, daß wir es hier mit „Arbeit", näherhin mit einer besonders vornehmen und ethisch hochwertigen Arbeit zu tun haben.

So sollte es sich eigentlich erübrigen, nochmals in ähnlicher Weise zu argumentieren wie vorstehend bezüglich der Haushaltswirtschaft; nichtsdestoweniger sei nochmals bedacht: das „Spiel" der „berufstätigen" Sozialarbeiterin (Erzieherin) mit den von ihr betreuten *fremden* Kindern ist unbestrittenermaßen „Arbeit", unterliegt allen Regelungen des Arbeitsrechts; die darauf verwandte Zeit zählt als Arbeitszeit; daran ändert sich auch dann nichts, wenn dieses „Spiel" ihr Freude macht und sie diese Tätigkeit als beglückend empfindet. Beteiligen Vater oder Mutter sich am Spiel ihrer *eigenen* Kinder, erst recht wenn sie ermüdet oder erschöpft von ihrer Erwerbsarbeit nach Hause kommen und das dringende Bedürfnis nach Ruhe und Entspannung empfinden, dann tun sie das offenbar nicht um des Vergnügens willen, sondern tun es aus elterlicher Liebe und elterlichem Verantwortungsbewußtsein, weil sie wissen, was diese Zuwendung für ihre Kinder bedeutet und was den Kindern *fehlt,* die diese elterliche Zuwendung entbehren müssen. *Dieses* „Spiel" ist in Wahrheit echte und ehrliche „Arbeit" in Ausübung ihres elterlichen *Berufes.*

Zuwendung zum Mitmenschen, hier der Eltern zu ihren Kindern, nicht minder der Ehegatten zueinander und in vielen anderen Beziehungen, auch wenn keine „Leistungen" füreinander erbracht werden außer der liebe- und/oder achtungsvollen Aufmerksamkeit und der *Zeit,* die man einander schenkt, ist ein ernsthaftes, sittlich hoch werthaltiges und zielgerichtetes, hier diesem bestimmten Mitmenschen zugewandtes *Tun.*

Hier stößt dieser Beitrag eines Sozialwissenschaftlers auf die Grenze seiner Zuständigkeit, hat damit seinen Endpunkt erreicht und gibt die Weiterführung ab an die Philosophie und Theologie der Arbeit.

# II
# Wieviel Arbeit braucht der Mensch zum Leben?

Wieviel Arbeit braucht der Mensch? Das war die Frage, die uns Referenten gestellt wurde. Da diese Frage aus einem kirchlichen Ort kam, habe ich natürlich angenommen, an erster Stelle geht es darum, eine Antwort darauf zu geben, wieviel Arbeit braucht der Mensch, um dem zu entsprechen, was Gott von ihm erwartet.

Da war noch eine Nebenfrage angegeben, die lautet: „Gibt es ein Recht auf Faulheit?" Diese Nebenfrage schien mir noch deutlicher zu machen, daß eben hier ein anthropologisches und ethisches Problem gestellt wurde und beantwortet werden soll, selbstverständlich sollte die christliche Antwort darauf gegeben werden. Und ich glaube, wenn es auch in Feinheiten hier zwischen evangelischer und katholischer Theologie Unterschiede gibt, so wird doch das, was ich hier vortrage, gemeinchristliche Überzeugung sein. Ich hoffe es wenigstens, daß ich das treffe.

*Arbeit in christlicher Sicht*

Nach christlichem Verständnis ist Arbeit Entfaltung der dem Menschen von Gott geschenkten geistigen und körperlichen Kräfte, durch deren Betätigung in der Richtung auf ein ernsthaftes und ernstgemeintes Ziel.

---

*Wieviel Arbeit braucht der Mensch zum Leben?* in: Kirchlicher Dienst in der Arbeitswelt. Materialhefte des Sozialpfarramts der Evangel. Kirche Kurhessen-Waldeck, Heft 5, S. 3–5.

Und damit unterscheidet sie sich vom Spiel, als Betätigung dieser Kräfte um ihrer selbst willen, d. h. wegen des aus dieser Betätigung entspringenden und mit ihr verknüpften physischen und psychischen wohltuenden Erlebnisses dieser eigenen Kräfte und des eigenen Könnens. Zwischen Arbeit und Spiel besteht jedoch keine scharfe Grenze. Eine Art mittlerer Stelle zwischen beiden nimmt das Training ein. Mit der Arbeit teilt es das ernsthafte und ernstgemeinte Ziel, hier nämlich die eigenen Kräfte und Fähigkeiten zu steigern. Mit dem Spiel teilt das Training das wohltuende und erhebende Erlebnis des Fortschritts, des Wachstums der Kräfte und Fähigkeiten, und dazu kommt die fortdauernde Freude an dem, was man an körperlichen und geistigen Kräften und Fähigkeiten, an Geschicklichkeit, an Erkenntnissen und Erfahrung hinzugewonnen hat.

Aber der Mensch braucht noch ein Drittes, und zwar unbedingt die Ruhe, die rechtverstandene erholende Entspannung. Wenn die Schrift sagt, Gott selbst habe am siebenten Tage geruht, dann ist damit bestimmt gewährleistet, daß Gott dem Menschen das Ruhebedürfnis nicht als eine zwingende Notwendigkeit auferlegt hat, sondern ihm die Ruhe als Wohltat aufrichtig gönnt. Alle drei, Arbeit, Spiel und erholende Ruhe gehören zur Natur des Menschen, wie es Gott gefallen hat, ihn als Geist-Leib-Wesen zu schaffen. Alle drei, in rechter Weise gebraucht, sind ehrenhaft vor Gott. Um das rechte Maß zu finden, wie wir unser Leben sinnvoll, Arbeit, Spiel und erholende Ruhe aufteilen, dafür haben wir den von Gott uns gegebenen Verstand zu gebrauchen. Auf alle drei hat der Mensch ein von Gott verliehenes Recht.

Kein Recht hat er auf Faulenzen, wenn darunter verstanden ist, die von Gott uns geschenkten Kräfte ungenutzt zu lassen, sie verkommen zu lassen, anstatt sie zu unserer eigenen Entfaltung und zum Wohl unserer Mitmenschen zu regen und zu nutzen. Anders, wenn man unter faulenzen die entspannte und entspannende Ruhe versteht, die der Mensch braucht, und die ihm auch im wahren Sinn wohltut. Die Entspannung darf aber niemals so weit gehen, daß das Gewissen in Tiefschlaf verfällt. Das Gewissen kann zwar nicht ständig hellwach auf Posten stehen. Das ist uns Menschen einfach physisch nicht möglich. Es muß aber dem Wachzustand immer so nahe sein, daß es auf den leisesten Hauch des guten oder bösen Geistes anspricht und sofort hellwach wird. Wenn ich mich hier in nichtakademischer Sprache ausdrücken darf, das tue ich sehr gern, dann würde ich sagen, der Mensch hat das Bedürfnis, darum hat er das Recht, alle viere von sich zu strecken. Aber er darf nicht das Gewissen von sich strecken. Das Gewissen muß ständig in der Nähe zur Wachheit bleiben.

*Arbeit im wirtschaftlichen Sinn*

Wenn wir hier und heute von Arbeit reden, dann ist in der Regel nicht die Arbeit als solche oder schlechthin gemeint, sondern die Arbeit im Lohnarbeitsverhältnis. Nicht selten sogar gar nicht einmal diese Arbeit, sondern der Arbeitsplatz, die Arbeitsgelegenheit bzw. das Rechtsverhältnis, unter dem diese Arbeit geschuldet, geleistet und entgolten wird. Wieviel reden wir aneinander vorbei, wenn der eine die Arbeit meint, die zu leisten ist, und der andere meint die Arbeitsgelegenheit. Von dem einen haben wir an Angebot zu viel, des anderen haben wir an Nachfrage zu wenig.

Unsere Terminologie ist da ja ein wenig verschroben. Vorzugsweise denken wir, wenn wir von Arbeit sprechen, an die im Bereich der Gütererzeugung geleistete Arbeit. Erst an zweiter Stelle an die im Dienstleistungsbereich geleistete Arbeit. Und hier stoßen wir auf einen paradoxen Sachverhalt.

Wer in selbständiger Arbeit steht, sei es im eigenen Betrieb, sei es im eigenen Haushalt, der wird jeden technischen und organisatorischen Fortschritt, der menschliche Mühe und Arbeit erspart, als Erleichterung freudig begrüßen und sich zunutze machen. Die anwesende Hausfrau wird mir das bestimmt bestätigen. Wer dagegen in unselbständiger, gegen Entlohnung verrichteter Arbeit steht, fürchtet den gleichen Fortschritt als existenzbedrohend und wird tatsächlich von ihr nicht selten in existenzvernichtender Weise betroffen. Die bäuerliche Familie in ihrem Familienbetrieb, die städtische Hausfrau in ihrem Haushalt machen sich keine unnütze Arbeit, nur um nicht beschäftigungslos zu sein oder zu werden.

Anders verhält es sich im Bereich der unselbständigen Arbeit, die gegen Entlohnung verrichtet wird. Da muß Beschäftigungspolitik betrieben werden, d. h., es müssen Maßnahmen getroffen werden, die dazu führen, daß mehr Arbeit geleistet wird und durch diesen Mehraufwand an Arbeit mehr an sich gar nicht benötigte Güter erzeugt werden, um mehr Menschen in Beschäftigung zu bringen und ihnen auf diese Weise Gelegenheit zum Erwerb ihres Lebensunterhalts zu bieten.

Nicht um den Mangel an Gütern zu beheben, sollen mehr Güter erzeugt werden, sondern weil es zuviel Arbeitskräfte gibt. Um dem abzuhelfen, sollen sie damit beschäftigt werden, „die Fülle oder Überfülle an Gütern noch weiter zu vermehren". Als ob es keinen anderen Weg gebe als den unsinnigen Umweg, die zu verteilende Masse noch weiter über den Bedarf hinaus zu vergrößern, um die längst überreichliche Güterfülle auf die Bedarfsträger zu verteilen. Wir müssen aber zugeben, daß dieses in sich widersinnige Verfahren neben der durchaus sinngemäßen Arbeitszeitverkürzung bis in die jüngste Zeit durchaus noch annehmbar funktioniert. Jetzt aber setzt plötzlich und unerwartet der viel zu spät von uns erkannte und mit Erschrecken zur Kenntnis genommene nahestehende Aufbrauch der dazu benötigten Rohstoffe diesem Weg ein unübersteigbares Ende.

Nach wie vor braucht der Mensch beides. Lebensunterhalt und einen ihn erfüllenden Lebensinhalt. Bei den industriellen, fortgeschrittenen Völkern sind diese beiden Erfordernisse für die große Mehrheit der Bevölkerung mehr oder weniger ausschließlich über das Lohnarbeitsverhältnis miteinander verknüpft. Durch die Erschöpfung der nicht regenerierbaren Ressourcen entsteht eine grundlegend veränderte Situation. Es wird deshalb an Dauer nicht bei dieser gewohnten Einspurigkeit bleiben können. Es ist an der Zeit, daß wir uns noch andere Mittel und Wege einfallen lassen. Darüber ist ernsthaft nachzudenken.

## III

## Steigende Arbeitsproduktivität – Segen oder Fluch?

In der ganzen zurückliegenden Geschichte mußten die Menschen ihre ganze Arbeitskraft und Arbeitszeit aufwenden, um das unbedingt Notwendige an Unterhaltsmitteln zu erringen. So beschreibt es das Psalmwort: „Der Mensch geht hinaus an sein Tagwerk, an seine Arbeit bis zum Abend" (Ps 103, 23). Gelang es, ein wenig über diesen Mindestbedarf hinaus zu erzielen, dann schöpfte eine schmale Oberschicht es ab; sie ließ andere für sich arbeiten, insbesondere die grobe unterhaltsichernde Arbeit tun, um selbst ein „herrschaftliches", nur zu oft mit Kriegs- und anderen Gewalttaten erfülltes Leben oder bestenfalls ein Leben der „Muße" zu führen, d. i. sich der Pflege höherer kultureller Güter zu widmen. Die erdrückende Mehrheit der Bevölkerung mußte von frühester Kindheit an bis zur Erschöpfung der Kräfte im Alter ihre ganze Arbeitskraft einsetzen, um den notdürftigen Lebensunterhalt für sich selbst und diesen Luxusbedarf der Oberschicht zu beschaffen. Selbst bei äußerstem Einsatz der Arbeitskräfte fehlte es, und in den zurückgebliebenen Ländern fehlte es auch heute noch gar nicht einmal selten einem Großteil der Bevölkerung an dem zum Leben Notwendigen.

Für einen ansehnlichen Teil, wohl ein Drittel der Weltbevölkerung, hat sich diese Lage grundlegend geändert und unverkennbar zum Besseren gewendet. Die

---

*Steigende Arbeitsproduktivität – Segen oder Fluch?* in: Stimmen der Zeit 199 (1981) H. 11, S. 736–750.

*Produktivität* der Arbeit hat zugenommen, hat sich vervielfacht. Mit dem gleichen Maß von Arbeit vermögen wir mehr zu produzieren, mehr Verbrauchs- und Gebrauchsgüter, vor allem aber Mittel zur Gütererzeugung, zunächst nur reichlichere, im weiteren Fortschritt aber auch immer leistungsfähigere Produktionsmittel. Die auf diese Weise ständig vervollkommnete Produktionstechnik verbunden mit immer rationellerer Organisation der Arbeit hat einen ständig steiler verlaufenden *Anstieg* der Produktivität der Arbeit eingeleitet und eine immer größere Güterfülle gebracht. Dank dieser hohen Arbeitsproduktivität besteht in allen „fortgeschrittenen" Ländern aufs Ganze gesehen kein Mangel mehr; an dessen Stelle ist nicht nur voll ausreichende Versorgung, sondern ausgesprochener Überfluß getreten; nur insoweit es noch an der rechten Verteilung fehlt, ist unsere Überflußgesellschaft noch keine echte Wohlstandsgesellschaft. „Knapp" bleiben die Güter immer, auch bei noch so großem Wohlstand und Überfluß, weil Ansprüche und Wünsche jeder noch so starken Vermehrung der Mittel vorauseilen.

*Wohltat oder Plage?*

Bis noch in die jüngste Zeit bedeutete die erhöhte Arbeitsproduktivität eine dringend benötigte oder zum mindesten hoch erwünschte und wohltuend empfundene *Erleichterung*. Um des Lebensunterhalts willen brauchte man nun nicht mehr ganz soviel zu arbeiten wie früher; dafür kam man mit etwas weniger Arbeit aus als bisher; statt dessen konnte man aber auch, wenn man es vorzog, mit gleich viel Arbeit wie bisher den Versorgungsstand und damit die *Lebenshaltung erhö-*

*hen.* Beides haben wir getan und so den Anstieg der Arbeitsproduktivität nach beiden Seiten hin nutzbar gemacht, zum einen Teil durch Verkürzung der Arbeitszeit zu unserer Entlastung, zum anderen Teil durch höheren Ausstoß an Gütern („wirtschaftliches Wachstum") zu höherer Lebenshaltung. Mußten wir früher nahezu die ganze Zeit, die der Mensch überhaupt zu arbeiten vermag, zur Beschaffung der Unterhaltsmittel verwenden, so benötigen wir nach der üblichen, allerdings recht willkürlichen und fragwürdigen Rechnung heute dazu nicht einmal mehr ganz die Hälfte; die freigewordene andere Hälfte unserer Arbeitskraft und Arbeitszeit benutzen wir dazu, eine immer größere Fülle von Gütern zu erstellen.

Solange der Anstieg der Arbeitsproduktivität nur ganz unmerklich langsam vor sich ging, vollzog auch das Wachstum des Sozialprodukts und die Arbeitszeitverkürzung sich nur in unmerklich kleinen Schritten. Zwar mußten auch die kleinen Schritte der Arbeitszeitverkürzung immer wieder hart erkämpft werden; nichtsdestoweniger traten die Entwicklung im ganzen und namentlich deren innere Zusammenhänge nicht deutlich ins Bewußtsein und wurden schon gar nicht ernstlich reflektiert. So kam es denn auch nicht zu gesellschaftspolitischen Maßnahmen, mit denen man versucht hätte, den Ablauf der Dinge zu lenken; vielmehr wurde der vor sich gegangene Wandel nachträglich konstatiert und im großen und ganzen wohlgefällig zur Kenntnis genommen und als wohltätig empfunden. Wir wissen zwar vom Elend und der Verzweiflung der schlesischen Weber, die durch die Einführung des mechanischen Webstuhls ihre Arbeitsplätze verloren; wir haben uns aber bis in die nahe Gegenwart damit beruhigt, ausweislich jahrzehntelanger Erfahrung hätten die freigesetzten Arbeitskräfte immer wieder Arbeitsgelegenheit gefunden an anderen, besser ausgestatteten und daher produktiveren und folgerecht besser bezahlten Arbeitsplätzen; wir haben uns eingebildet oder eingeredet, dank einem eingebauten Mechanismus oder Automatismus sei diese ständige Wanderung von veralteten und überholten zu neuen und produktiveren, vielleicht obendrein auch noch angenehmeren Arbeitsplätzen auf die Dauer gewährleistet. Erstmals und sogar recht gründlich hatte die Weltwirtschaftskrise um 1930 dieses unser Vertrauen erschüttert. In den Jahren des Wiederaufbaus nach dem Zweiten Weltkrieg hatte die Welt und hatten insbesondere wir Deutsche auf Grund des sog. „deutschen Wirtschaftswunders" der 50er Jahre dieses Vertrauen noch einmal wiedergewonnen; heute ist es vollends zusammengebrochen.

Der immer steiler gewordene, immer weiter fortschreitende Anstieg der Produktivität der Arbeit ist zum Weltproblem geworden. War ursprünglich jeder Fortschritt, der unsere Arbeit produktiver machte, ein Segen, so droht er jetzt zum Fluch zu werden. Das Problem muß angegangen werden; es ist unaufschiebbar geworden.

Gegen Überlegungen dieser Art wird eingewendet, in allerjüngster Zeit habe der Anstieg der Arbeitsproduktivität sich deutlich verlangsamt und das Wachstum der Wirtschaft sei bereits dem Stillstand nahegekommen. Dieser Einwand ist ausgesprochenermaßen „provinziell". Er verallgemeinert, was im Augenblick bei uns und einigen anderen, aber keineswegs allen fortgeschrittenen Ländern zutrifft und sehr wohl eine vorübergehende Erscheinung sein kann, und überträgt es unbesehen auf die (den weitaus größeren Teil der Welt und der Weltbevölkerung ausmachenden) Entwicklungsländer, für die mit Bestimmtheit zu erwarten steht, daß der Anstieg der Arbeitsproduktivität, den wir in den letzten Jahrzehnten hinter uns gebracht haben, ihnen gerade erst bevorsteht.

### Schematische Berechnung

Unterstellt man, die Arbeitsproduktivität wachse auch weiterhin alljährlich um einen bestimmten Vomhundertsatz, dann ergibt sich – genau wie beim Bevölkerungszuwachs – ohne weiteres rechnerisch, in wieviel Jahren sie sich *verdoppelt*. Bei gleich viel Arbeit verdoppelt sich in diesem Zeitraum das Sozialprodukt; genau im reziproken Verhältnis verringert sich die Arbeit, die benötigt wird, um ein Sozialprodukt in der anfänglichen Größe zu erstellen und damit die Lebenshaltung auf der anfänglichen Höhe zu halten; dieser Aufwand an Arbeit wird in jedem dieser Zeiträume *halbiert*. Bei 5 v. H. jährlicher Steigerung der Arbeitsproduktivität beträgt dieser Zeitraum rund 14 Jahre; das bedeutet in 28 Jahren Vervierfachung, in 42 Jahren Verachtfachung des Sozialprodukts usw. oder reziprok Verminderung des Arbeitsbedarfs je Produkteinheit auf ½, ¼, ⅛ usw. Beides sind erschreckende Vorstellungen. Wo sollen wir ein derart ins Ungemessene wachsende Sozialprodukt lassen? Wie sollen wir uns das menschliche Leben vorstellen, wenn wir statt der 40-Stunden-Woche nur noch 20, 10, 5 Stunden in der Woche arbeiten sollen?

Auch wenn wir diese beiden Extreme vermeiden und ähnlich wie bisher einen mittleren Weg gehen und die gestiegene Arbeitsproduktivität zum Teil in Wachstum des Sozialprodukts, zum anderen Teil in Arbeitszeitverkürzung umsetzen, ändert sich grundsätzlich nichts; nur die Zeiträume sowohl der Verdoppelung als auch der Halbierung verlängern sich. Das Sozialprodukt wächst weiterhin *exponentiell* und führt zu entsprechend immer schneller fortschreitendem Aufbrauch der nur in begrenzter Menge vorhandenen, nicht regenerierbaren Ressourcen.

*Von der Höhe der Abstraktion*
*zu den Niederungen der Realität*

So, wie gesagt, die übliche schematische Rechnung. Selbstverständlich weiß jedermann, daß die Dinge in der Wirklichkeit nicht so modellmäßig schematisch ablaufen; von dem abstrakten Schema muß man Schritt um Schritt hinabsteigen, um der Realität nahezukommen; sie jemals vollständig zu erfassen ist uns versagt. Hier aber genügt dieser Abstieg von der Höhe der Abstraktion zu den Niederungen der Realität nicht; vielmehr müssen wir uns fragen, ob das Schema selbst nicht viel zu eng ist und nur einen *Ausschnitt* aus der Gesamtwirklichkeit herausgreift, nämlich denjenigen Bereich des Arbeitslebens, der sich bei uns, d i in den industriell fortgeschrittenen Ländern, ganz und gar in den Vordergrund geschoben hat, so daß wir, wenn wir von „Arbeit" reden, meist überhaupt nur diesen Bereich meinen. In der Tat berücksichtigt das Schema nur die für die kapitalistische Wirtschaft und Gesellschaft konstitutive „freie Lohnarbeit", durch die der Arbeitende nicht die für seinen (und seiner Familie) Lebensunterhalt benötigten Gebrauchs- und Verbrauchsgüter erstellt, sondern *Einkommen* erwirbt, aus dem er diesen Lebensunterhalt bestreitet.

Dafür, aber auch nur dafür trifft der im Schema dargestellte Verlauf der Dinge wenigstens der Tendenz nach zu. Aber schon im Bereich der industriell fortgeschrittenen Länder haben wir es nicht allein mit der Lohnarbeit zu tun. Erst recht dem Weltproblem „Arbeit" kommen wir nicht bei, wenn wir unseren Blick nur auf die im Lohnarbeitsverhältnis verrichtete unselbständige Arbeit sowie auf die auch bei uns noch verbliebene selbständige Erwerbstätigkeit richten. Um dem Weltproblem „Arbeit" beizukommen, dürfen wir unseren Blick nicht auf die Erwerbstätigkeit einschränken, müssen vielmehr die insgesamt bei uns selbst und in der übrigen Welt geleistete Arbeit in unsere Überlegungen einbeziehen.

Nicht nur auf Weltweite, sondern auch unter unseren hiesigen Verhältnissen dürfen wir Arbeit nicht mit Erwerbstätigkeit und schon gar nicht mit auf Erwerb von (Geld-)Einkommen gerichteter Arbeit gleichsetzen. Erwerbstätig sind nicht nur die im Lohnarbeitsverhältnis gegen Entgelt tätigen Arbeitnehmer, sondern auch die selbständig handwerklich oder freiberuflich Erwerbstätigen; dazu kommen noch alle diejenigen, die das zur Daseinserhaltung Benötigte in eigener Wirtschaft erstellen; das ist in hochindustriellen Ländern nur eine kleine Minderheit, in der Agrarwirtschaft dagegen und damit auf Weltweite gesehen auch heute noch der größte Teil der Menschheit. Dazu kommt in allen Ländern der Welt die in keiner Statistik aufgeführte, in der Sozialproduktrechnung überhaupt nicht aufscheinende *unentgeltlich* geleistete Arbeit der „mithelfenden Familienangehörigen", hier für uns besonders wichtig der *Hausfrauen und Mütter,* die zu dem durch Erwerbstätigkeit erzielten Einkommen in Geld hinzutreten muß, damit sowohl die Erwerbstätigen als auch die noch nicht oder nicht mehr Erwerbstätigen überhaupt leben können.

*Die unentgoltene Arbeit der Hausfrauen und Mütter*

Wir leben nun einmal nicht von den (Sach-)Gütern allein, die wir gebrauchen und verbrauchen (Gebrauch ist letzten Endes nichts anderes als langsamer Verbrauch), sondern in hohem Maße auch von den *Diensten,* die wir in Anspruch nehmen. Soweit diese Dienste denen, die sie leisten, entgolten, d. i. als Werk- oder Arbeitslohn bezahlt werden, erscheinen sie in der Sozialproduktrechnung; soweit sie den diese Dienste Leistenden nicht entgolten werden – das sind vor allem die Dienste der Hausfrauen und der Mütter –, erscheinen sie in der volkswirtschaftlichen Gesamtrechnung nicht, obwohl sie von der insgesamt geleisteten Arbeit einen nicht nur qualitativ unentbehrlichen und unersetzbaren, sondern auch quantitativ durchaus nicht unerheblichen Teil ausmachen.

Ob oder inwieweit die Schätzungen zutreffen, wonach die unmittelbar den Lebensbedürfnissen dienende, unentgoltene Arbeit der Hausfrauen und Mütter nach Stunden gerechnet der in der volkswirtschaftlichen Gesamtrechnung erscheinenden entgoltenen Arbeit gleichkommt oder gar sie übersteigt, kann hier unerörtert bleiben. Tatsache ist, daß diese von den Hausfrauen und Müttern unentgolten geleistete Arbeit bei weitem unterschätzt zu werden pflegt und öffentliche Aufmerksamkeit nur insofern findet, als die gleichen Hausfrauen und Mütter genötigt sind, zugleich auch noch erwerbstätig zu sein, um das für den Haushalt und für die Aufzucht der Kinder benötigte Einkommen herbeizuschaffen; erst diese Kalamität gilt als „Problem"; für sich selbst gilt dieser ganze Bereich der unentgeltlichen Hausfrauen- und Mütterarbeit als „problemlos".

Aus der Nichtachtung der Frauenarbeit erklärt es sich wohl auch, daß die Entlohnung der von den Männern im Lohnarbeitsverhältnis verrichteten Arbeit als angemessen gilt, wenn der Lohn ausreicht, um davon die für den Lebensunterhalt benötigten Sachgüter zu kaufen, und völlig unbeachtet bleibt, daß für das menschliche Leben die von den Hausfrauen und Müttern unentgeltlich geleisteten Dienste ebenso unentbehrlich sind. Diese ihre unentgeltlichen Leistungen in die Überlegungen und in das Rechenwerk einbeziehen hieße nicht nur unsere Lohnpolitik, sondern unsere gesamte volkswirtschaftliche Gesamtrechnung *umstürzen.*

Solange die Frauen obendrein politisch rechtlos waren, verstand es sich ohnehin von selbst, daß ihre unentbehrliche und unersetzbare Arbeit nicht die ihr gebührende Beachtung fand. Aber auch heute noch tun die Frauen sich schwer, sie gebührend zur Geltung zu bringen und ihr die gehörige Achtung zu sichern.

*Selbständige und unselbständige Arbeit*

Zusammenfassend ist festzustellen: Seitdem die Großgruppe derer entstanden ist, die weder ihren Lebensunterhalt in Eigenwirtschaft erstellen noch durch selbständige Erwerbstätigkeit Einkommen erzielen können, um daraus ihren Lebensunterhalt zu bestreiten, und infolgedessen darauf angewiesen sind, durch unselbständige Arbeit Einkommen zu erwerben, haben die mit dieser einen Art von Arbeit zusammenhängenden Probleme sich derart in den Vordergrund geschoben, daß die gesamte übrige in der Welt geleistete Arbeit geradezu aus dem öffentlichen Bewußtsein herausgefallen ist und als „problemlos" gilt. Ganz dementsprechend beschränkte sich denn auch die obige schematische Berechnung des Anstiegs der Arbeitsproduktivität und seiner Folgen auf diese *eine* Art der Arbeit und ließ alle übrigen außer acht.

Bei dieser Beschränkung darf es aber nicht bleiben. Um begründete Aussagen oder erst gar Voraussagen darüber machen zu können, ob auf die Dauer ein ständiger Anstieg der Arbeitsproduktivität zu erwarten steht und zutreffendenfalls welche Folgen er auslösen wird und wie man ihnen begegnen kann, muß die *gesamte* in der Welt verrichtete Arbeit in die Untersuchung einbezogen werden.

Vorweggenommen sei der Hinweis auf die völlig gegensätzliche Wirkung des Produktivitätsanstiegs auf die selbständige und die unselbständige Arbeit. Die unselbständige Arbeit und nur sie allein ist von der Gefahr bedroht, infolge der Steigerung ihrer Produktivität ihre Arbeitsplätze zu verlieren; für die selbständige Arbeit dagegen, gleichviel ob Erwerbstätigkeit oder unentgeltlich geleistete Arbeit wie namentlich diejenige der Hausfrauen und Mütter, bedeutet Steigerung ihrer Produktivität wirklich und ausschließlich das, was sie ihrer Natur nach ist, nämlich *Entlastung*. Diese Erkenntnis kann aber nicht der Mühe entheben, jede der verschiedenen Arten von Arbeit daraufhin zu untersuchen, ob ihre Produktivität überhaupt steigen kann oder steigt, und zutreffendenfalls, was dieser Produktivitätsanstieg für die in diesem Bereich tätigen Menschen bedeutet, nicht zuletzt, ob er für sie mehr Vorteil oder mehr Nachteil mit sich bringt.

1. *Industrie und Handwerk.* Weithin besteht immer noch die Vorstellung, die Produktivitätssteigerung sei eine Eigentümlichkeit der industriellen Produktion und erkläre sich aus dem technischen Fortschritt. Das ist viel zu eng gesehen, gleichviel ob man den technischen Fortschritt in der immer mehr vervollkommneten Technologie (Hochtechnisierung, Automatisierung) oder in der immer umfangreicheren Anwendung von oder Ausstattung mit technischen Apparaturen erblickt. Neben der Technik spielt die bessere Organisation der Arbeit eine überaus gewichtige Rolle.

Von der Industrie ist der technische Fortschritt und die bessere Organisation der Arbeit längst zum *Handwerk* übergesprungen und ist gerade dort immer weiter im Anstieg.

2. *Landwirtschaft.* Die Landwirtschaft (agrarische Urproduktion) wird im größten Teil der Welt auch heute noch traditionell betrieben; solange sie darüber nicht hinauskommt, kann weder die Produktivität ihrer Arbeit noch die Menge ihrer Produkte zunehmen. Völlig anders verhält es sich bei der Landwirtschaft der fortgeschrittenen Länder. Entgegen auch heute noch verbreiteten Vorstellungen hat sie, gestützt auf die industrielle Technik (Einsatz von Maschinen) und auf Erzeugnisse der chemischen Industrie (Kunstdünger, Schädlingsbekämpfungsmittel), ohne vermehrten, ja mit stark vermindertem Einsatz an Arbeitskräften ihre Produktion vervielfacht und so eine Steigerung ihrer Arbeitsproduktivität erreicht, die derjenigen im industriellen Bereich nicht nur gleichkommt, sondern sie übertrifft. War früher und ist in den zurückgebliebenen Ländern heute noch nahezu die ganze arbeitsfähige Bevölkerung in der Landwirtschaft tätig, so genügt heute in den

fortgeschrittenen Ländern ein minimaler Bruchteil der Arbeitskräfte, um die Gesamtbevölkerung mehr als reichlich mit Lebensmitteln zu versorgen. Das gilt aber eben nur für den kleineren Teil der Welt und der Weltbevölkerung. Während die industriell hochentwickelten Völker unter der Plage der Überproduktion von Agrarprodukten leiden, ist in den noch ganz oder überwiegend agrarischen Ländern die Mehrheit der Menschen unterernährt und sterben nicht wenige vorzeitig an Hunger.

3. *Dienstleistungen.* Vom Handel, von den Dienstleistungsberufen und von der gesamten Bürotätigkeit einschließlich der öffentlichen Verwaltung nahm man an, sie seien dem Produktivitätsfortschritt unzugänglich. Heute wissen wir, welche Fehleinschätzung das war. Die Elektronik hat nicht nur Leistungen, die früher als unmöglich galten, weil sie das menschliche Gehirn überfordern, möglich gemacht, sondern überdies in allergrößtem Maße dem Menschen Arbeiten abgenommen, die von ihm nur mit gespannter geistiger Aufmerksamkeit geleistet werden können, inhaltlich aber geistlos sind und daher auch rein maschinell geleistet werden können. Während wir im allgemeinen die Steigerung der Arbeitsproduktivität darin sehen, daß mit der gleichen Arbeit mehr produziert, der gleiche Ausstoß also mit weniger Arbeit erzielt werden kann, und wir diese Ersparnis an Arbeit in Arbeitsstunden messen, besteht der Anstieg der Produktivität hier vor allem darin, daß sie früher unerreichbare Ergebnisse nicht so sehr der Menge als der Art nach zustande bringt. Diesen unvergleichlichen Produktivitätsfortschritt haben wir genutzt, um bürokratische Maßnahmen der Ordnung und Planung, vor allem aber der

Nachprüfung und der Überwachung in früher unvorstellbarem Ausmaß zu vermehren, woraus unser Bedürfnis nach „Datenschutz" erwachsen ist.

Trotz dieser ungeheuren Vermehrung wurden Arbeitskräfte, und zwar in hohem Maße *qualifizierte* Arbeitskräfte freigesetzt und nur in viel geringerem Ausmaß zusätzliche qualifizierte Arbeitskräfte benötigt und eingestellt. Wenn trotzdem das Personal im öffentlichen Dienst ständig zugenommen hat und weiter zunimmt, hat das seinen Grund in der geradezu unermeßlichen Vermehrung der vom öffentlichen Dienst übernommenen Aufgaben. Aber auch diese Entwicklung beschränkt sich vorerst auf die fortgeschrittenen Länder und greift auf die Entwicklungsländer bisher nur in dem Ausmaß über, wie diese sich zum Ziel setzen und es ihnen gelingt, diese Verfahrensweisen für ihre öffentliche Verwaltung zu übernehmen, oder die sogenannten „Multis" sie in ihren dortigen Niederlassungen oder Zweigbetrieben einführen.

4. *Pflege- und Sozialberufe.* Glücklicherweise – so muß man wohl sagen – gibt es einen allerdings ziemlich eng umschriebenen Kreis von Dienstleistungen, der dem Anstieg der Arbeitsproduktivität verschlossen ist. Das sind diejenigen Berufe, die zum Gegenstand haben, anderen Menschen seine *Zeit* zu schenken. Bei diesen Berufen ist Produktivitätssteigerung in dem Sinn, daß die gleiche Leistung in weniger Arbeitszeit vollbracht werden kann, ex definitione ausgeschlossen. Keine noch so hohe Technisierung und organisatorische Rationalisierung des Krankenhauses kann daran etwas ändern, daß der Schwerkranke, der Sterbende einen Menschen braucht, der bei ihm ist und bei ihm ausharrt, bis die schlaflose Nacht überstanden oder der letzte Atemzug

getan ist. Wenn dies im heutigen hochtechnisierten Krankenhaus nicht mehr oder nur in unzureichendem Maße geleistet wird, dann bedeutet das keine höhere Produktivität der Arbeit, sondern einen wesentlichen Mangel an geschuldetem Dienst, eine beklagenswerte Fehlleistung.

In allen Sozialberufen ist die *Zeit*, die der Sozialarbeiter seinen Schutz- oder Fürsorgebefohlenen widmet, ebenso wichtig, nicht selten wichtiger als alles andere, was er für sie tut oder tun kann. Auch einen Menschen nur anzuhören braucht Zeit.

*Private Haushalte*

Wie aber steht es um die in den Haushalten bzw. Familien geleistete Arbeit? Wenn es schon Dienstleistungsberufe gibt, deren Gegenstand es ist, anderen Menschen seine Zeit zu schenken, dann gilt dies in noch viel höherem Grade von den Haushalten, namentlich von den Familienhaushalten. Trotz dieser weitgehenden Übereinstimmung sind jedoch die Unterschiede noch bedeutsamer.

In den Dienstleistungsberufen gilt zwar nicht die bloße Dienstbereitschaft, wohl aber die bloße Anwesenheit beim Pflege- und Fürsorgebefohlenen, auch ohne in dieser Zeit ihm erbrachte aktive Dienste, als Arbeitszeit, die als solche bezahlt wird. In der Familie hängen bloße Anwesenheit und Zuwendung zueinander noch viel enger zusammen als in den erwerbstätig ausgeübten Pflege- und Sozialberufen. Während im Erwerbsberuf beide gleicherweise als Arbeit verstanden und bezahlt werden und infolgedessen unter dieser Rücksicht es sich nicht verlohnt, tiefer auf ihre Unterscheidung und gegenseitige Abgrenzung einzugehen, sind in der Familie ihre *Sinngehalte grundverschieden*.

Macht die Hausfrau in ihrem Arbeitsbereich einen Gewinn an Zeit und verwendet sie diese gewonnene Zeit dazu, sich mehr dem Mann und den Kindern zuzuwenden, dann werden wir diese „Zuwendung", obwohl wir ihr einen hohen Wert zuschreiben, niemals als „Arbeit" ansehen und diese Zeit bestimmt nicht als Arbeitszeit veranschlagen. Mit den Kindern zu spielen kann für Vater und/oder Mutter erholend und entspannend sein, ihnen rechtes Vergnügen bereiten, in diesem Sinn also auch für sie selbst „Spiel" sein; es kann aber ebensogut für sie eine Plage bedeuten, eine Belastung, die sie den Kindern zuliebe auf sich nehmen, beispielsweise ein Opfer an Zeit, in der sie lieber etwas anderes tun möchten. In keinem Fall aber werden wir diesen Beitrag zu ihrer unbezahlten und unbezahlbaren erzieherischen Aufgabe als „Arbeit" ansehen oder werten; bei der angestellten Erzieherin, beispielsweise im Kindergarten, wäre es in beiden Fällen „Arbeit" und die dafür aufgewendete Zeit wäre für sie Arbeitszeit.

In der Initimität der Familie, namentlich unserer heutigen, nur aus Eltern und Kindern bestehenden Kleinfamilie, ist die Zeit, die die Ehegatten einander und die Eltern ihren Kindern widmen, miteinander zubringen, füreinander „da sind", nicht Arbeit, am allerwenigsten im Sinne von Mühe und Last, wovon man sich entlasten oder die man sich wenigstens möglichst erleichtern möchte. Sie ist nicht wie bei der angestellten Erzieherin „Arbeit" zum Erwerb des Lebensunterhalts, ist vielmehr Lebensinhalt, der das Leben mit Sinn erfüllt.

Entgeltlich im Lohnarbeitsverhältnis verrichtete Ar-

beit im (Familien-)Haushalt ist so selten geworden, daß
es sich nicht mehr verlohnt, näher darauf einzugehen.
Offenbar können die Familien Dienste dieser Art immer
leichter entbehren, so daß auch sehr wohlhabende
Haushalte mehr und mehr darauf verzichten. Darauf,
wie sich das erklärt, wird noch zurückzukommen sein;
hier genügt es festzustellen, daß die Nachfrage nach
solchen Diensten immer geringer wird; die Zahl dieser
Arbeitsplätze dürfte bis auf einen winzigen Rest zusammenschrumpfen.

*Produktivitätsfortschritt oder Substitution
der Haushaltsarbeit?*

Um so gewichtiger wird die Frage, wie steigende Produktivität
der Haushaltsarbeit sich für die Hausfrauen
und Mütter auswirkt, die unter Verzicht auf Einkommenserwerb
durch außerhäusliche Erwerbstätigkeit
sich ganz ihrem Haushalt sowie der Versorgung und
Betreuung ihrer Kinder widmen und dafür zwar von
dem von ihnen besorgten Haushalt mitunterhalten
werden, darüber hinaus jedoch keinen Entgelt beziehen
und nach der heute bei uns bestehenden gesetzlichen
Regelung zwar in günstigen Fällen begrenzte Ansprüche
aus *abgeleitetem* Recht auf Versorgung im Alter erwerben,
in keinem Fall dagegen Ansprüche aus *eigenem*
Recht.

Für diese im eigenen Haushalt tätigen Frauen und
Mütter bringt höhere Produktivität ihrer Arbeit offenbar
nicht wie für bezahlte Kräfte die Gefahr mit sich, ihren
Arbeitsplatz zu verlieren. Das enthebt aber nicht
der Mühe, zu prüfen, was denn überhaupt unter Erhöhung
der Produktivität ihrer Arbeit zu verstehen ist,

und welche Folgen sie nach sich zieht oder doch mit sich bringen kann.

Unverkennbar kann Einsatz arbeitserleichternder oder arbeitsparender Haushaltsgeräte (Waschmaschine, Staubsauger u. a. m.) die Hausfrau wirksam *entlasten*. So macht die Anschaffung solcher Geräte sich zwar durch die Ersparnis an Hausfrauenarbeit „bezahlt"; aus dieser Ersparnis an unbezahlter Arbeit läßt sich jedoch nicht wie in der Erwerbswirtschaft der Kaufpreis wiedereinbringen. Ganz dasselbe gilt, wenn die Haushaltsarbeit dadurch erleichtert oder, richtiger gesagt, verringert wird, daß die Konsumgüter, vor allem die Lebensmittel, auf einer höheren Stufe der Konsumreife eingekauft werden. Was darin bereits mehr an der Hausfrau vorweggenommener Arbeit steckt, muß sie aus ihrem Haushaltsgeld bezahlen. Ähnlich verhält es sich, wenn Zentralheizung ihr das Kohleschleppen für die Zimmeröfen erspart. Sieht man genau zu, dann arbeitet in all diesen und ähnlichen Fällen die Hausfrau nicht produktiver, sondern weniger; an die Stelle ihrer unentgeltlichen Arbeit im Haushalt ist bezahlte außerhäusliche Fremdarbeit getreten; ihre unentgeltliche Arbeit wurde durch die bezahlte Arbeit anderer substituiert. Diese Verringerung der im Haushalt zu bewältigenden Arbeit durch Hinausverlagerung ist denn auch der Grund dafür, daß bezahlte Dienstkräfte im Haushalt immer leichter entbehrt werden können, so daß selbst Haushalte, die sich solche Bedienung finanziell leisten können, immer mehr darauf verzichten.

Von Steigerung der Produktivität der im Haushalt geleisteten Arbeit kann daher nur insoweit die Rede sein, wie die Hausfrau ihre eigene Arbeit geschickter und sachgerechter ausführt und besser einteilt, noch mehr aber, soweit sie im ganzen besser „hauszuhalten" versteht. Jede andere Verringerung oder Erleichterung ihrer Arbeit kostet einen Preis, der, weil sie ihre Arbeit unentgeltlich verrichtet, nicht wie in der Erwerbswirtschaft durch Ersparnis an Arbeitslöhnen wieder eingebracht wird. Dieser Preis besteht in einem *Mehrbedarf* an Haushaltsgeld. Kann dieser Mehrbedarf nicht aus Vermögenserträgen bestritten werden, dann muß er durch (zusätzliche) Erwerbsarbeit von Haushaltsangehörigen beigebracht werden – nach immer noch weitverbreiteter Vorstellung vom „Ernährer der Familie", in durchaus nicht seltenen Fällen jedoch durch solche zusätzliche Arbeit der Hausfrau selbst. Diese Doppelbelastung vieler Hausfrauen und Mütter findet dann auch die öffentliche Aufmerksamkeit und regt zu Maßnahmen der Abhilfe an, meist leider nur durch Kurieren an den Symptomen.

Gegen diese Ausführungen ließe sich einwenden, sie führten von der Sache ab, erwiesen sie doch gerade, daß die Verringerung oder Erleichterung der Haushaltsarbeit nur zu einem unwesentlichen Teil deren eigenem Produktivitätsfortschritt entstammt, sich vielmehr ganz überwiegend aus der Hinausverlagerung der produktiven Tätigkeit aus den Haushalten in die Betriebe oder Unternehmen und der dadurch herbeigeführten Schrumpfung der Haushalte zu bloßen Konsumgemeinschaften erklärt. Mit anderen Worten, es handelt sich physisch-konkret um eine Substitution und ist daher, soweit es sich um unentgeltlich geleistete Haushaltsarbeit handelt, auch *ökonomisch* dieser Substitution zuzurechnen.

Nichtsdestoweniger muß(te) gerade in diesem Zusammenhang darauf eingegangen werden. Das ist nicht nur deswegen unumgänglich, weil die heute allgemein übliche und geradezu als selbstverständlich angesehene Gepflogenheit, die Haushalte auf den Verbund von durch außerhäusliche Erwerbstätigkeit (des Mannes) erzieltem monetärem Einkommen und unentgeltlich geleisteter innerhäuslicher Arbeit (der Frau) zu gründen, alles andere als unproblematisch ist. Vielmehr erweisen die daraus für die betroffenen Hausfrauen und namentlich Mütter erwachsenden Probleme sich gar nicht selten als derart bitter und schmerzlich, daß es keine Sentimentalität bedeutet, sie ernst zu nehmen und zur Sprache zu bringen. Die Leistung dieser Hausfrauen und Mütter wird auf beiden Seiten unserer volkswirtschaftlichen Gesamtrechnung als Aufwand- und als Ertragsposten maßlos unterschätzt; das hat zur Folge, daß auch ihre Bedeutung für die im Zusammenhang mit dem immer weiteren Anstieg der Arbeitsproduktivität auf uns zukommenden Aufgaben in Gesellschaft und Wirtschaft nicht erkannt wird.

*Auf uns zukommende Aufgaben*

Trifft es zu, daß die Produktivität unserer Arbeit auch weiterhin ständig, wenn auch vielleicht langsamer wachsen wird als in den beiden ersten Jahrzehnten des Wiederaufbaus nach dem Zweiten Weltkrieg, dann müssen wir uns darauf einstellen, daß auf weite Sicht immer weniger Arbeit (wie wir heute „Arbeit" verstehen) zu leisten sein wird. Das gilt auch dann, wenn wir fortfahren, den Anstieg der Arbeitsproduktivität wie bisher in Wirtschaftswachstum und Arbeitszeitverkürzung aufzuteilen. Lassen wir die ständig steigende Arbeitsproduktivität sich auch nur zum Teil in wirtschaftlichem Wachstum auswirken, dann bedeutet das *exponentielles* Wachstum, das exponentiell wachsende Mengen von Ressourcen verschlingt und daher nicht erst in unabsehbarer, sondern für eine Vielzahl von Ressourcen schon in gar nicht ferner Zeit zu deren Erschöpfung führen würde, womit dann der Ausweg in weiteres Wachstum endgültig verschlossen wäre. Vielleicht würde auch schon vorher die Überfülle der Produkte oder die Menge der Abfälle und das Ausmaß der Umweltzerstörung unerträglich; in diesem Fall käme das Wachstum von dieser Seite her schon früher zum Stillstand.

Insoweit bei den Dienstleistungen der Ressourcenbedarf so geringfügig ist, daß er als Bremse und schließlich als Blockade des Wachstums vernachlässigt werden darf, gibt es nichtsdestoweniger ebenfalls eine Grenze, über die hinaus vermehrte Dienstleistungen, insbesondere bürokratischer Art, zur unerträglichen Plage würden und aus diesem Grund gleichfalls nicht zum Zweck der Arbeitsbeschaffung weiter vermehrt werden können. Wie immer man es drehen und wenden mag, wir stoßen auf eine Grenze, über die hinaus steigende Arbeitsproduktivität nicht mehr in Wachstum umgesetzt werden kann, vielmehr nur noch die insgesamt zu leistende Arbeit vermindert, die rechnerisch auf jeden einzelnen entfallende Arbeitszeit verkürzt werden kann. Das kommt früher oder später – immer unter der zwar nicht unumstößlich gewissen, aber doch sehr wohlbegründeten Voraussetzung, daß der Anstieg der Arbeitsproduktivität auch künftig weiter voranschreitet – als von uns zu lösende Aufgabe unvermeidlich auf uns zu; wir müssen mit ihr fertig werden.

Diese Aufgabe muß von zwei Seiten zugleich angegangen werden. Auf der einen Seite geht es darum, alle Arbeitsfähigen und Arbeitswilligen an dem verbliebenen Minimum von Arbeit zu beteiligen und ihnen damit zugleich den für ihren Lebensunterhalt benötigten Anteil am Arbeitsertrag zu sichern; das ist die *ökonomische* Seite der Aufgabe. Auf der anderen Seite gilt es, die immense von Arbeit frei werdende Zeit in der rechten Weise zu nutzen; das ist ihre nicht minder gewichtige *sozialethische* und *sozialpädagogische* Seite.

*Die ökonomische Seite*

Unmittelbarer Gegenstand der Politik überhaupt und der Wirtschaftspolitik im besonderen kann offenbar nur die ökonomische Seite sein. Nun ist schon bisher die Arbeits- und Erwerbslosigkeit das große Problem, mit dem unsere Politiker zu ringen haben, das zu lösen ihnen aber nicht in befriedigendem Maß gelingt. Begreiflich, daß sie vor dessen auf die Dauer unvermeidlicher extremer Zuspitzung zurückschrecken, von ihr nichts hören wollen, sie als derzeit nicht aktuelle Zukunftsaufgabe vor sich her schieben. Von den schon mit jeder minimalen Arbeitszeitverkürzung verbundenen Schwierigkeiten lassen einige sich sogar dazu verführen, sie nicht nur als vorerst noch nicht aktuell, sondern als schlechthin und rundum unrealistisch abzutun. Das ist Vogel-Strauß-Politik; ein Problem ist nicht damit vom Tisch, daß man es nicht sehen will. Auch unsere Gewerkschaften sind offenbar derart von den Tagesgeschäften in Anspruch genommen, daß sie der großen Zukunftsaufgabe keine oder mindestens nicht die gebührende Aufmerksamkeit widmen können.

Hätte ich eine Lösung der Aufgabe anzubieten, wie

bei immer weniger Bedarf nach Arbeit sich immer mehr Arbeitsgelegenheit schaffen ließe, dann würde ich sie hier vorlegen; niemand hat diese Lösung. Eine Gesamtlösung im Sinn einer einmaligen Maßnahme dürfte es wohl nicht geben; es bedarf ihrer auch nicht. Von dem heute schon gar nicht mehr vorstellbaren 17- oder 16stündigen Arbeitstag sind wir längst auf den zwölfstündigen Arbeitstag (mit zunächst sieben Arbeitstagen in der Woche), von der sechstägigen 72-Stunden-Woche zu der lange Zeit als Fernziel vorschwebenden 48-Stunden-Woche gekommen; inzwischen liegt auch diese schon wieder weit hinter uns. Jedesmal, bei jedem noch so kleinen Fortschritt, wurde der wirtschaftliche Zusammenbruch als unausbleibliche Folge vorausgesagt; jedesmal ließ sich der Fortschritt nur unter Kämpfen durchsetzen. Manchmal sind auch vorübergehend nachteilige Folgen eingetreten, die aber immer wieder überwunden worden sind.

So dürfte es wohl auch in Zukunft ein langsamer und manchmal schmerzhafter Prozeß sein, der sich schrittweise an sein Ziel herantastet. Worauf es entscheidend ankommt, ist, daß man sich gegen die hier anstehende Aufgabe nicht sperrt, sondern zum allermindesten schon einmal anfängt, sich Gedanken darüber zu machen und innere Bereitschaft dafür bei sich zu wecken. Dieser Bereitschaft soll nicht zuletzt die Erkenntnis förderlich sein, daß gerade die Verkürzung der Arbeitszeit, je weiter sie geht, um so mehr dazu angetan ist, den Anstieg der Arbeitsproduktivität zu verlangsamen und dadurch das Unvermeidliche, vor dem man zurückschreckt, hinauszuschieben.

Wie im einzelnen der Vorgang ablaufen wird, kann nur die Zukunft lehren. Anstatt die Arbeitszeit nach (Wochen-)Stunden zu kürzen, kann man andere Formen wählen, *arbeitsfreie* Wochen, Monate, selbst Jahre durch späteren Beginn oder früheres Ende oder durch Unterbrechung des Arbeitslebens durch sog. „Sabbatjahre". Jede denkbare Verfahrensweise erfordert schwierige Umstellungen, die an die Faktormobilität, namentlich die Mobilität des Produktionsfaktors „Mensch" hohe Anforderungen stellen. In vollem Maß trifft alles Vorgesagte auf die unselbständige Arbeit zu, bei der die Kürzung der Arbeitszeit tarifvertraglich geregelt wird; die *selbständige* Arbeit läßt sich auf diese Weise nicht „regeln".

In bezug auf die *entlohnte* Arbeit wird immer wieder das Bedenken geltend gemacht, in so wenig Arbeitszeit, wie hier für die Zukunft in Aussicht gestellt wird, könne der Arbeiter doch unmöglich so viel Lohn verdienen, daß er mit seiner Familie davon leben kann. Wer sich diese Sorge macht, hat offenbar nicht begriffen, worum es geht. Ihm schwebt offenbar vor, es gehe darum, bestehende Arbeitslosigkeit auszuräumen. Wenn es darum geht, dann kann (nicht „muß"!) es unvermeidlich sein, daß die Inhaber von Arbeitsplätzen nicht nur einen Teil ihrer Arbeit den Arbeitslosen abtreten, sondern ihnen auch den zugehörigen Lohn oder doch einen Teil davon überlassen (Arbeitskürzung ohne oder mit nur unvollständigem Lohnausgleich). Hier aber geht es nicht darum, bestehende Arbeitslosigkeit auszuräumen, sondern darum, zuvorkommend zu verhüten, daß steigende Arbeitsproduktivität immer wieder neue und auf die Dauer immer größere Arbeitslosigkeit herbeiführt, wenn sie sich nicht mehr oder nur in unzureichendem Ausmaß in wirtschaftliches Wachstum überführen läßt. Da in der kürzeren Arbeitszeit ebenso viele Güter erstellt oder Werte geschaffen werden wie heute in der längeren Arbeitszeit, die kürzere

Arbeitszeit realiter ebensoviel erbringt wie vorher die längere, kann dafür auch ebensoviel Lohn ausgezahlt werden.

Abschließend sei eigens noch einmal daran erinnert, daß in diesem ganzen Zusammenhang unter „Arbeit" nur die Erzeugung von Sachgütern und diejenigen Dienstleistungen verstanden sind, die wegen des unvermeidlichen Aufbrauchs der dazu unentbehrlichen Ressourcen nicht unbegrenzt vermehrt werden können. Es gibt wichtige und verantwortungsschwere Tätigkeiten, die von dieser Seite her keiner Begrenzung unterliegen. Dazu zählen einige (nicht alle!) Bereiche der Wissenschaft; ebenso gibt es Funktionen im Dienst der Allgemeinheit, die es erfordern, daß der damit Betraute, der Politiker, seine ganze Kraft und seine ganze Zeit dieser seiner Aufgabe widmet, sich ganz und gar auf sie konzentriert, weil er nur so ihr wirklich genügen kann. – Soviel zur ökonomischen Seite der Aufgabe.

*Die sozialethische und sozialpädagogische Seite*

Zum mindesten ebensoviel wäre zu sagen oder – vielleicht richtiger ausgedrückt – hätte man sich Gedanken zu machen über die sozialethische und sozialpädagogische Seite; der Theologe würde sie die *pastorale* Seite nennen. An dieser Stelle wird sich denn auch dem Leser erschließen, warum im Vorstehenden gerade der von den Hausfrauen und Müttern in den Haushalten geleisteten Arbeit so große, auf den ersten Blick übergroß erscheinende Aufmerksamkeit geschenkt wurde. Der Leitgedanke war dieser. Die ständig weiter steigende, aber nicht mehr wie früher in Wirtschaftswachstum umsetzbare Arbeitsproduktivität verkürzt die Arbeit in den Betrieben oder Unternehmen immer mehr und schenkt so den Arbeitnehmern immer mehr *arbeitsfreie* Zeit. Diese in den Betrieben oder Unternehmen arbeitsfrei gewordene Zeit gilt es davor zu bewahren, daß sie als „Freizeit" im heutigen Wortsinn verstanden und ausgefüllt wird, nämlich als Zeit, in der der Mensch – anstatt durch ihn erschöpfende und manchmal zugleich ihn entwürdigende, in seiner Menschenwürde verletzende Arbeit – durch die *„Freizeit-Industrie"* vielleicht ebenso schlimm oder noch schlimmer ausgebeutet wird. Dafür kommt es entscheidend auf die *Haushalte* an.

Auch an der Haushaltsarbeit ist der Anstieg der Arbeitsproduktivität nicht spurlos vorbeigegangen; vor allem hat er veranlaßt, immer mehr Arbeiten aus den Haushalten hinaus in die rationeller ausführenden Betriebe zu verlagern, und hat auf diesem Umweg immer mehr Zeit von Haushaltsarbeit frei gemacht. Nun kommt es entscheidend darauf an, daß diese in den Haushalten arbeitsfrei gewordene Zeit nicht ein „Vakuum" ist, sondern eine *Kapazität,* die bereitsteht, um die in den Betrieben freigesetzte Zeit aufzufangen und ihr einen neuen Inhalt zu geben, die für den Erwerb des Lebensunterhalts nicht mehr benötigte Zeit umzuwandeln in das Leben mit Sinn erfüllende Zeit. Damit ist gemeint Zeit zur „Zuwendung" zueinander im Kreis der Familie, der Zuwendung zu kulturellen und ethischen (religiösen) Interessen, zur Beteiligung an den Interessen der verschiedenen Vergemeinschaftungen, nicht zuletzt des öffentlichen Gemeinwesens, an weltlichen und kirchlichen Öffentlichkeitsaufgaben, alles Dinge, die einst den „Honoratioren" vorbehalten waren, d. i. denen, die in der Lage waren, andere für ihren Lebensunterhalt arbeiten zu lassen, und daher Zeit

## Die sozialethische und sozialpädagogische Seite

für Aufgaben und Tätigkeiten hatten, an denen um ihrer Menschenwürde willen alle teilhaben sollten.

Hierzu muß der Wirtschaftswissenschaftler sich kurz fassen, denn von seinem Fachwissen her hat er nichts dazu beizutragen; er kann nur darauf hinweisen, welch große Möglichkeiten der ständige Anstieg der Arbeitsproduktivität da erschließt, und versuchen, die Entscheidungsträger davon zu überzeugen, daß, wenn man sie nutzt, die Arbeitsproduktivität und deren Anstieg keinen Grund gibt zu Besorgnis und schon gar keinen Fluch für die Menschheit bedeutet, sondern einen *Segen*. Dieser Segen kostet allerdings seinen *Preis*. Dieser Preis besteht darin, daß wir uns der auf uns zukommenden Aufgabe nicht zu entziehen versuchen, daß wir vielmehr alles tun, was an uns liegt, um sie zu meistern. Wir können gar nicht früh genug damit beginnen, uns darauf vorzubereiten, zu lernen und einzuüben, die uns gegebenen Möglichkeiten zu nutzen und unserer Verantwortung zu genügen gegenüber unseren heutigen Mitmenschen in den zurückgebliebenen, unterentwickelten Ländern, denen wir ausreichende Ressourcen zu belassen haben, um wenigstens ihre elementaren Bedürfnisse einigermaßen zu befriedigen, und gegenüber den nach uns kommenden Generationen, die von uns beanspruchen können, daß wir ihnen eine bewohnbare Erde hinterlassen.

# IV
# Vollbeschäftigung

In den fünfziger Jahren und noch bis in die sechziger Jahre hinein waren wir überzeugt, in unserem wirtschaftspolitischen Werkzeugkasten lägen alle Instrumente bereit, die wir brauchen, um ständige Vollbeschäftigung zu sichern. Was uns Sorge machte, war nicht die Arbeitslosigkeit, sondern die Überbeschäftigung; auf sie glaubten wir als einen Dauerzustand uns einrichten zu müssen; darum riefen wir die ausländischen Arbeitskräfte herbei. Rasch hat diese Besorgnis sich als unbegründet erwiesen. Nach unserer heutigen Einsicht droht nicht die Überbeschäftigung, sondern ganz im Gegenteil Mangel an Beschäftigung, ein hohes und immer steigendes Maß von Arbeits- und Erwerbslosigkeit zum Dauerzustand zu werden. Überdies erweisen die vor noch gar nicht langer Zeit mit Erfolg angewandten beschäftigungspolitischen Maßnahmen, vor allem die der Wirtschaft in den verschiedensten Formen verabreichten finanziellen „Spritzen" und ganz allgemein die Billiggeld-Politik sich heute als immer weniger wirksam; dafür machen sich die mit ihnen verbundenen Nachteile und schädlichen Spätfolgen immer deutlicher und unangenehmer bemerkbar. So herrscht unter unseren Politikern leidenschaftlicher Meinungsstreit, und die öffentliche Meinung wird in ihn hineingerissen und durch ihn aufgewühlt. Die einen fordern gebieterisch, entschlossen auf die einstmals so erfolg-

---

*Vollbeschäftigung,* in: Stimmen der Zeit 200 (1982) H. 4, S. 217/8.

reichen Maßnahmen zurückzugreifen; sie würden sich, entschieden genug angewandt, auch heute wieder erfolgreich erweisen. Die anderen lehnen sie ebenso entschieden ab; diese Waffen seien ein für allemal stumpf geworden; von ihnen heute noch Gebrauch zu machen, könne nur schweren Schaden anrichten.

Welche der beiden streitenden Meinungen zutrifft, ist hier nicht zu entscheiden. Mit voller Sicherheit läßt dieser Streit sich überhaupt nicht entscheiden. Da aber die hier im Streit liegenden Meinungen mit handfesten materiellen Interessen verknüpft sind, verführt das Wunschdenken dazu, der eigenen Meinung unumstößliche Gewißheit zuzuschreiben und dem Gegner für seine andere Meinung sogar den guten Glauben abzusprechen. Diese vermeintliche unumstößliche Gewißheit ist es, die den Meinungsstreit und unser politisches Klima mit so viel leidenschaftlicher Erbitterung erfüllt, ja vergiftet. In Fragen dieser Art gibt es nun aber keine unumstößliche Gewißheit, und darum kann auch die wissenschaftliche Beratung den Politiker nicht der Notwendigkeit entheben, seine Entscheidung unter Ungewißheit zu treffen.

Dieser Entscheidung darf der Politiker nicht ausweichen; sie darf auch nicht endlos verschleppt werden; die Arbeitslosen können nicht warten, und wir dürfen sie nicht vergeblich warten lassen. Der in Verantwortung stehende Politiker muß in der Lage sein, frei von Interessenten- und anderem Druck sich für die ihm nach sorgfältiger Prüfung plausibel und praktikabel erscheinende Lösung zu entscheiden; ist sie getroffen, dann muß aus staatsbürgerlicher Verantwortung jeder, auch wer ihr intellektuell nicht beizupflichten vermag oder wer sich durch sie in seinen materiellen oder ideellen Interessen betroffen oder enttäuscht sieht, bereit sein, loyal an ihrer Durchführung mitzuwirken. Ringt unsere Politik sich zu dem Entschluß durch, im gegenwärtigen Fall noch einmal einen sozusagen heroischen Versuch mit der früher mit Erfolg angewandten Beschäftigungspolitik zu machen, dann besagt das nicht, daß wir uns auch für die Zukunft in diesem Sinn festlegen; es besagt keineswegs den Verzicht darauf, uns Gedanken zu machen über neue Mittel und Wege, um künftig drohender Arbeitslosigkeit wirksamer zu begegnen oder – besser – sie vorbeugend abzuwenden. Nach unserem heutigen Stand der Erkenntnis kann dafür sehr wohl ein grundlegender Umbau unseres Arbeitslebens, eine Verlagerung des Schwergewichts von ökonomischen in den Raum höherer Kultursachbereiche in Frage kommen.

Unsere katholische Soziallehre hat der Vollbeschäftigungspolitik gegenüber lange Zeit hindurch eine befremdlich wirkende Zurückhaltung geübt. Nicht als hätte sie verkannt, wieviel Elend und Leid für die Arbeitslosen und welche Gefahr für die gesamte öffentliche Ordnung die Massenarbeitslosigkeit mit sich bringt. Vielmehr hat sie das Ziel, das die beschäftigungspolitischen Maßnahmen erstrebten und auch heute noch erstreben, als verfehlt erkannt. Unsere Beschäftigungspolitik und die Mittel, die sie anwandte (und noch anwendet), zielen nur dahin und führen nur dazu, die Menschen in irgendeine Beschäftigung zu bringen, bei der sie sich ihren Lebensunterhalt verdienen. Pius XII. prägte dafür die Bezeichnung „formale" Vollbeschäftigung und kennzeichnete sie eben damit als unzulänglich. Menschliche Arbeit ist mehr als Beschäftigung zum Gelderwerb. Ziel muß eben darum sein, soviel wie eben möglich alle in sinnvolle, auch für die Gemeinschaft nützliche Tätigkeit zu bringen. Genau das verlangt heute Johannes Paul II. gleich im ersten Satz seiner Enzyklika über die menschliche Arbeit.

Es würde sich verlohnen, sehr gründlich darüber nachzudenken, ob nicht der Erfolg jeder Beschäftigungspolitik, mindestens dann, wenn er mehr als ein bloßer Augenblickserfolg sein soll, entscheidend von der rechten Zielwahl abhängt, hier davon, daß sie sich über das Ziel bloß „formaler" Vollbeschäftigung erhebt und das allein menschenwürdige Ziel sinnvoller Beschäftigung anstrebt; nur eine sinnvolle Wirtschaft kann auf die Dauer zufriedenstellend funktionieren.

# V
# 35-Stunden-Woche

Gegen Arbeitslosigkeit betrieb man „Beschäftigungspolitik", um mehr Arbeit anzuregen und dadurch mehr Menschen in Arbeit zu bringen. Zeitweilig wurden gute Erfolge damit erzielt; seitdem aber dieser Weg sich immer weniger als erfolgversprechend erweist, versuchen wir, mehr Menschen dadurch in Arbeit und Verdienst zu bringen, daß wir die Zahl der von den einzelnen zu leistenden Arbeitsstunden verringern, woraus sich unmittelbar ein höherer Bedarf an Arbeitskräften ergibt. Diese Rechnung ist unwiderlegbar richtig; in der Folge ergeben sich allerdings je nach der Art und Weise und nach dem Ausmaß, in dem die Arbeitszeit verkürzt wird, sehr unterschiedliche Auswirkungen sowohl auf die Kostenrechnung der Unternehmen als auch auf den Verdienst der Arbeitnehmer; die dadurch ausgelösten Reaktionen beider Seiten machen den bezweckten Erfolg mehr oder weniger wieder rückgängig.

Als die von der Arbeitslosigkeit unmittelbar Betroffenen sind die Arbeitnehmer von Rechts wegen an erster Stelle selbst berufen, ihr abzuhelfen. Aus schmerzlicher Erfahrung wissen sie, daß die ständig steigende Produktivität ihrer Arbeit ebenso ständig Arbeitskräfte entbehrlich macht und aus Arbeit und Verdienst hinauswirft und im Ergebnis ihrer aller Arbeitsplätze

---

*35-Stunden-Woche,* in: Stimmen der Zeit 202 (1984) H. 4, S. 217/8.

durch die fortschreitende Produktivität ihrer Arbeit gefährdet sind. Aus dieser Erkenntnis heraus – so möchte ich es mir vorstellen – machen diejenigen, denen der Verlust ihres Arbeitsplatzes bisher erspart blieb, ihren arbeitslosen Kollegen das Angebot: „Wir, die wir das Glück haben, in Arbeit und Verdienst zu stehen, treten von unseren 40 Wochenstunden fünf ab und geben euch damit Gelegenheit, euren Familien Unterhalt durch eigene Arbeit zu verdienen. Bisher sind wir dafür aufgekommen; über unsere Lohn-, Mehrwert- und anderen Steuern, unsere Sozialbeiträge und anderes mehr haben wir auf vielerlei Wegen und Umwegen die Mittel aufgebracht, um euch über die arbeitslose Zeit hinwegzuhelfen. Das läßt sich viel einfacher, durchsichtiger, ganz unbürokratisch, echt solidarisch machen: Hinfort übernehmt ihr die fünf Wochenstunden mit deren Lohn. Wie wir diese uns entfallenden Löhne wieder hereinbringen, das laßt unsere Sache sein; nehmt ihr uns nur erst einmal die fünf Stunden Arbeitslast ab."

Welch großartiges Beispiel selbstloser Solidarität derer, die in Arbeit und Verdienst stehen, mit denen, die unter der Not und den Entbehrungen der Arbeitslosigkeit leiden, wäre das! Leider hört man in der geräuschvollen politischen Diskussion kein solches Angebot, sondern die knallharte Forderung der 35-Stunden-Woche „mit vollem Lohnausgleich". In die Sprache des Angebots übersetzt lautet das so: „Wir sind so gnädig, euch fünf Arbeitsstunden zu überlassen, aber – wohlverstanden! – der Lohn für diese Stunden bleibt bei uns; ihr tut die Arbeit, das Geld, den Lohn dafür behalten wir." Ein solches Angebot kann man doch nur als Hohn empfinden; eine solche Haltung ist klassenkämpferisch, ausgesprochenermaßen Klassenkampf von oben, nicht mehr der „Produktionsmittelbesitzer" gegen die „von Produktionsmittelbesitz entblößten Nur-Lohnarbeiter", sondern der Klasse der Arbeitsplatzbesitzer gegen die Klasse der von Arbeitsplatzbesitz entblößten Nur-Arbeitslosen.

Die Gewerkschaften müssen sich manchmal vorwerfen lassen, Solidarität bedeute bei ihnen nur Kampfgemeinschaft der Starken gegen gemeinsame Gegner. Hier hätten sie eine einzigartige Gelegenheit gehabt, diesen Vorwurf schlagend zu widerlegen; schade um den Gewinn an moralischem Prestige, den sie sich hier haben entgehen lassen.

Damit soll in keiner Weise bestritten sein, daß auch die Lohnfrage zur Sprache kommen muß. Aber Arbeitszeitverkürzung, um zusätzliche Arbeitsplätze zu erschließen, und Arbeitszeitverkürzung, um den Fortschritt der Produktivität der Arbeit zu honorieren, dürfen nicht miteinander verquickt werden. Seit mehr als hundert Jahren ist die Produktivität der Arbeit aufs Ganze gesehen ständig gestiegen und hat bei längst nicht mehr halber Arbeitszeit unseren Wohlstand und unsere Lebenshaltung um ein Vielfaches erhöht. Neuerdings befinden wir uns mit der Verkürzung der Arbeitszeit offenbar im Rückstand; die Größe des aufzuholenden Rückstands signalisiert uns die Arbeitslosigkeit. Maßstab für den Lohn ist nicht dieser aufzuholende Rückstand; Maßstab für den Lohn kann immer nur die wirtschaftliche Gesamtlage sein in ihrer ganzen Komplexität. Aus einigen gewerkschaftlichen Äußerungen kann ein wohlmeinender Hörer heraushören, an verantwortlicher Stelle sei man sich dessen bewußt; dann sollte man aber das laute Kampfgeschrei unterlassen, das nur dazu angetan ist, bei den einen unbegründete Erwartungen, bei den anderen vielleicht nicht ganz ebenso unbegründete Besorgnisse zu erwecken.

# VI
# Wirtschaft im gesellschaftlichen Umfeld

Ursprünglich waren Haushalt und Betrieb eins; der gleiche Personenkreis, der als Haushaltsgemeinschaft miteinander lebte, arbeitete auch gemeinsam und erwirtschaftete die Unterhaltsmittel; der Familien- oder Sippenchef war zugleich auch die Autorität, die das gemeinsame Erwirtschaften der Unterhaltsmittel organisierte und dirigierte und die erwirtschafteten Mittel den einzelnen zuteilte, nicht nach dem Maßstab ihrer Leistung oder ihres Beitrags, sondern nach dem, was sie zur Erhaltung ihrer physischen Existenz bedurften oder was ihnen gemäß Rang und Würde zustand. Diese Einheit der patriarchalen Autorität war die tragende Grundlage der Einheit sowohl im gemeinsamen Haushalt als auch im gemeinsamen Wirtschaftsbetrieb.

*Von der Sustentationswirtschaft
zur dynamisch-expansiven Wirtschaft*

Solange die Menschheit bei bloßer Sustentationswirtschaft verblieb – und große Teile der Menschheit kennen auch heute noch nur diese Art von Wirtschaft –, war die Einheit von Haushalt und Betrieb das Gegebene und Selbstverständliche; das änderte sich mit dem Hinausschreiten über die Sustentationswirtschaft und

---

*Wirtschaft im gesellschaftlichen Umfeld,* in: Stimmen der Zeit 201 (1983) H. 11, S. 749–760.

deren Traditionalismus zur dynamisch-expansiven Wirtschaft und deren Rationalität. Damit begann eine Umwälzung, die bestimmt auch heute nicht abgeschlossen ist und über die erst recht unser Nachdenken noch nicht abgeschlossen ist. Vielleicht ist uns überhaupt noch nicht voll bewußt geworden, wie weittragend dieser Wandel ist und insbesondere wie grundlegend die Folgen des durch diesen Wandel so ungeheuer beschleunigten Anstiegs der Arbeitsproduktivität sich gewandelt, ja geradezu ins Gegenteil verkehrt haben.

Fand man in der Sustentationswirtschaft heraus, wie man sich die Arbeit erleichtern, wie man das gleiche Ergebnis mit weniger Mühe und Anstrengung erzielen konnte, dann war das ein reiner Gewinn, eine reine Entlastung; man brauchte sich weniger zu schinden und zu plagen. In der Sustentationswirtschaft ist es unvorstellbar, daß jemand durch diesen Produktivitätsfortschritt seinen Arbeitsplatz verloren hätte; Arbeitsplatz und Lebensplatz waren ein und dasselbe.

In unserer dynamisch-expansiven Wirtschaft ist genau dieses Unvorstellbare eingetreten, und wir stehen ratlos davor. Auch uns erspart die gesteigerte Arbeitsproduktivität Arbeit, sogar unvergleichlich mehr Arbeit; sie hat uns gestattet oder, vielleicht richtiger gesagt, gezwungen, die Arbeitszeit auf einen Bruchteil der noch vor gar nicht langer Zeit gebräuchlichen zu verkürzen; aber nicht das allein, sie macht immer mehr Arbeitskräfte entbehrlich. In unserer heutigen Wirtschaft wird der Lebensunterhalt nicht mehr in den Haushalten gemeinsam erarbeitet; vielmehr schicken die Haushalte ihre arbeits- und erwerbsfähigen Angehörigen in die Betriebe bzw. Unternehmen, um dort zu arbeiten und dafür entlohnt zu werden; aber die Betriebe benötigen so viel Arbeitskräfte nicht. Für die Unternehmen bedeutet das eine Ersparnis, für die Haushalte bedeutet es, daß ihre Angehörigen ihre Arbeitsplätze verlieren. Der Betrieb entläßt die Arbeitskräfte, die er nicht mehr benötigt; der Haushalt kann seine Angehörigen nicht entlassen, kann sie unter diesen Umständen aber auch nicht mehr versorgen.

Der Umstand, daß die Arbeit in den Betrieben produktiver ist als in den Haushalten, hat zur Trennung von Haushalt und Betrieb bzw. Unternehmen geführt mit dem Ergebnis, daß Haushalte und Betriebe bzw. Unternehmen von der Arbeitsseite her gesehen in dieser Wechselbeziehung stehen. Die Haushalte schicken ihre voll leistungsfähigen Angehörigen zur Arbeit in die Betriebe bzw. Unternehmen; für die anderen entfällt damit die Gelegenheit, in den Haushalten zur Beschaffung des Lebensunterhalts mitzuwirken.

*Patriarchale Autoritätsstruktur*

Erstaunlicherweise haben die Betriebe bzw. Unternehmen von den Haushalten die patriarchale Autoritätsstruktur übernommen, was keineswegs selbstverständlich ist, und streben auch heute noch mit allen Kräften danach, sie beizubehalten. Solange man den Betrieb noch als eine Expositur des Haushalts ansehen konnte – der Haushalt lagert den Produktionsprozeß an eine eigens dafür eingerichtete Stätte aus, bleibt aber Träger des dort sich vollziehenden produktiven Geschehens –, lag es nahe und läßt sich gut verstehen, daß der Betrieb unter der patriarchalen Autorität des Oberhaupts des Haushalts, der Familie oder der Sippe verblieb. Der mittelständische Betrieb, bis zu einem gewissen Grad auch noch das familiengesellschaftliche Unternehmen ist in der Tat auch heute noch weitgehend ein Anhängsel der Familie und demgemäß der Haushaltungsvorstand gewissermaßen der „geborene" Vorstand des Unternehmens; die Unternehmenspolitik wird auf die Bedürfnisse der Familie abgestimmt, wird geradezu zum Instrument der Familienpolitik, am deutlichsten erkennbar an der großen Zahl mittelständischer Unternehmen, die der Familienpolitik (z. B. Entnahmen für Ausstattung der Kinder) immer wieder zum Opfer fallen.

Solange der mittelständische Betrieb für unsere Wirtschaft typisch war, lag eine solche Denkweise nahe und ließ diese Übertragung der dem Familienhaushalt entsprechenden Vorstellung auf das Unternehmen sich durchaus verstehen. Für ein solches Unternehmen sind die angeheuerten familienfremden, in keiner Weise mehr in den Famlienhaushalt eingegliederten Arbeitskräfte auch *unternehmens*fremd, sind nicht Subjekt des Unternehmens, sondern ausschließlich Objekt der patriarchalen Autorität dessen, der den Produktionsprozeß aus seinem Familienhaushalt hinausverlagert hat.

Ganz anders ist die Situation im *manageriell geleiteten Unternehmen*. Aber befremdlicherweise treffen wir in diesem typisch kapitalistischen, das Bild unserer heutigen Wirtschaft prägenden manageriell geleiteten Unternehmen die gleiche Autoritätsstruktur an; hier aber ist sie alles andere als selbstverständlich, muß vielmehr als geradezu widersinnig bezeichnet werden. Im Höchstmaß gilt das dort, wo das Management die Aktionäre faktisch zu Obligationären erniedrigt hat, wo der Begriff des „verantwortlichen Kapitals" zur Fiktion geworden ist, weil der Aktionär keinerlei Einfluß und infolgedessen auch keine moralische Verantwortung mehr hat; was man seine „Verantwortung" nennt, trifft nicht sein Gewissen, sondern ausschließlich sein Portemonnaie; sie erschöpft sich darin, daß er bei Verlusten sein Geld verliert, bevor die Gläubiger das ihre verlieren. Diese ganze Entwicklung hat sich offenbar ganz unreflektiert wie von selbst vollzogen; das Ergebnis aber ist alles andere als selbstverständlich. Die Entwicklung hat zu der unglücklichen und unzutreffenden Vorstellung geführt, das Unternehmen, gleichviel ob groß oder klein, sei dichotomisch aus den beiden antagonistischen Produktionsfaktoren Kapital und Arbeit zusammengesetzt; träfe das zu, dann wäre es unbegreiflich, wie es trotzdem funktionieren kann. Erst recht ist das „Unternehmen an sich" ein Unding, ein unvollziehbarer Begriff.

Es gibt kein Unternehmen, das nur aus den beiden im inneren Zwiespalt ihrer konfligierenden Interessen liegenden Produktionsfaktoren Kapital und Arbeit bestünde; um funktionsfähig zu sein, benötigt es unbedingt einen dritten, den *dispositiven Faktor*, der den ausführenden Faktor „Arbeit" und den werkzeuglichen Faktor „Kapital" zusammenführt und eine funktionsfähige Einheit aus ihnen macht: den *Unternehmer*. Das Unternehmen erschöpft sich nicht in Kapital und Arbeit; es ist nicht zweipolig, sondern *dreipolig;* ohne den dritten Faktor „Unternehmer" kommen die beiden anderen Faktoren zu keinem produktiven Zusammenwirken. Erstaunlich, daß das immer wieder übersehen wird! Geradezu kindlich ist die Vorstellung, der Unternehmer lasse sich schadlos entbehren, man könne ihn unbegrenzt auf Urlaub schicken. Aber auch ihm bloß die Aufgabe zuzuerkennen, „die Kosten in Schach und Proportion zu halten", ist zu wenig; seine unverzichtbare Aufgabe ist es, das, was da unternommen wird, auf ein klar bewußtes und gewolltes Ziel auszurichten; erst daraus erwächst die wahre Einheit.

Das rechte Verständnis des dritten Pols, d. i. des Unternehmers, und seiner Funktion, die beiden anderen Pole überhaupt erst zum Unternehmen zu einen, macht deren Streit um die Herrschaft über das Unternehmen gegenstandslos.

*Haushaltsvorstand – Unternehmensleitung*

Die Autorität der Unternehmensleitung ist ganz anderen Ursprungs als die patriarchale des Haushaltsvorstands. In concreto leitet sie sich davon her, daß die Einsetzer von Kapital und die Einsetzer von Arbeit sich oder genauer gesprochen ihren Einsatz an Kapital oder an persönlicher Arbeit dem Unternehmer zur Verfügung stellen, d. h. ihm Verfügungsmacht darüber einräumen. Die Legitimität seiner Verfügungsmacht gründet in seiner unternehmerischen Qualifikation, in seiner schöpferischen Begabung und in seiner Entschlossenheit, Willensstärke und Standfestigkeit, nicht zuletzt in seiner Fähigkeit, Menschen zu führen und zum gemeinsamen Einsatz für das gemeinsame Ziel zu motivieren; diese Qualifikation läßt sich durch keinerlei institutionelle Maßnahmen ersetzen.

Strenggenommen war die ursprüngliche Einheit des Unternehmens, die darin gründete, daß es Expositur eines Haushalts und der Vorstand dieses Haushalts eben damit auch „geborener Vorstand" des Unternehmens war, bereits immer mehr fragwürdig geworden und schließlich restlos entfallen, seitdem die Unternehmen begannen und in immer steigendem Ausmaß fortfuhren, haushaltsfremde Arbeitskräfte anzuheuern, ohne sie zugleich in die Haushaltsgemeinschaft aufzunehmen oder sie ihr wenigstens zuzuordnen oder anzugliedern. Diese reinen Arbeitskräfte („Arbeitnehmer"), die gleich Lieferanten und Kunden zum Unternehmen in vertragsrechtlichen Beziehungen als zu ihrem „Arbeitgeber" traten, bildeten weder unter sich noch mit dem Unternehmen eine Einheit. Es blieb aber gar nicht bei diesem ersten Schritt. Als zweiter Schritt folgte, daß nicht nur *ein* Haushaltsvorstand Teile seines Vermögens, die er sich nicht als Gebrauchs- oder Genußvermögen vorbehielt, außerhalb seines Haushalts als Erwerbsvermögen anlegte, um sie produktiver Nutzung zuzuführen, sondern *mehrere* Haushaltsvorstände das *gemeinsam* taten. Nunmehr hatte das Unternehmen nicht nur Arbeitskräfte, die aus verschiedenen, untereinander unverbundenen Haushalten kamen, sondern auch der instrumentale Produktionsfaktor „Kapital" stammte nicht mehr aus einem einzigen Haushalt, sondern wurde von einer Mehrzahl von Haushalten bereitgestellt. Damit war die ursprüngliche Identität von Haushaltsvorstand und Unternehmensvorstand und die darin gründende Einheit des Unternehmens vollends entfallen; den „geborenen" Unternehmensvorstand gab es nicht mehr; nunmehr benötigte das Unternehmen eine *originäre*, in ihm selbst gründende oder aus ihm erwachsende Führungsautorität, die ihm Einheit, Funktionsfähigkeit und Zielstrebigkeit gab. Das war die Geburtsstunde des Managements und des manageriell geleiteten, typisch „kapitalistischen" Unternehmens.

Auch hier kann man gut verstehen, daß die ursprünglichen „geborenen Unternehmer" es als selbstverständlich ansahen, daß sie die bisher von ihnen selbst ausgeübten unternehmerischen Funktionen auf einen Mann oder ein Gremium ihres Vertrauens übertrugen und auf diese Weise die für das Unternehmen unentbehrliche Führung konstituierten, was praktisch bedeutete, daß das Management einseitig von den Einsetzern des werkzeuglichen Produktionsfaktors Kapital seine Vollmacht empfing und folgerecht sich als deren Interessenwahrer verstand.

Das Ergebnis ist, daß die Unternehmen ihren Platz einnehmen zwischen zwei verschiedenen Gruppen von Haushalten, zu denen sie in grundverschiedenen Beziehungen stehen. Da sind einmal die äußerst zahlreichen Haushalte, die ihre Angehörigen als *personalen* Produktionsfaktor „Arbeit" in die Unternehmen entsenden, die aber nicht als Subjekte in die Unternehmen eingegliedert werden, sondern Objekte der Politik des Unternehmens bleiben, deren „Interessen" im Rechnungswerk des Unternehmens nur als Kostenelemente erscheinen. Da ist auf der anderen Seite die – bisher – unvergleichlich kleinere Gruppe von Haushalten, die den Unternehmen den *instrumentalen* Produktionsfaktor „Kapital" zur Verfügung stellen und mit Berufung darauf sich als die „Inhaber" des Unternehmens, als die eigentlichen Träger des Produktionsprozesses ansehen und das Management mit dem Auftrag bestellen, das Unternehmen in ihrem Namen und in ihrem Interesse zu leiten.

Soviel über das „Umfeld", in dem das heutige Unternehmen steht; was aber ist angesichts dieses Sachverhalts das Unternehmen selbst?

## Soziologische und juridische Struktur des Unternehmens

Soziologisch gesehen ist das Unternehmen ein *Verbund von Personen,* der sich zusammensetzt aus zwei verschiedenen Gruppen von Personen, deren eine unmittelbar durch ihre Tätigkeit und deren andere nur mittelbar durch den Einsatz von Vermögenswerten an dem, was da „unternommen" wird, beteiligt ist, beide zusammengefaßt durch eine Einzelperson oder ein Gremium von Personen, das aus diesen heterogenen Personengruppen eine funktionsfähige Einheit macht.

Juristisch gesehen sieht das ganz anders aus. Unsere Rechtsordnung kennt das Unternehmen als solches nicht; als Subjekt kommt es in unserer Rechtsordnung nicht vor; als Subjekt kennt sie nur den Unternehmer, den Einzelkaufmann, die Personalgesellschaft oder die juristische Person der Kapitalgesellschaft als Rechtsträger oder auch nur rechtlichen Bezugspunkt alles dessen, was da unternommen wird, und denen, gleichviel ob sie durch eigenes Tun daran beteiligt sind oder nicht, der Erfolg oder Mißerfolg zugerechnet wird. Dagegen stehen die im Unternehmen tätigen physischen Personen, selbst wenn sie die Unternehmerfunktion ausüben, als solche rechtlich außerhalb des Unternehmens, sind weder Glieder noch Teilhaber und schon gar nicht Inhaber des Unternehmens, sind begrifflich gesehen Außenseiter.

Ziel der *Vermögenspolitik* ist, diesen Widerspruch zwischen der soziologischen und der juridischen Struktur des Unternehmens, wenn er sich schon nicht ausräumen läßt, wenigstens im Maß des Möglichen zu mildern. Ausräumen ließe er sich nur, wenn der Gesetzgeber sich entschließen könnte, das Unternehmen zur

Kenntnis zu nehmen und ihm, ähnlich wie er es für den Betrieb bereits getan hat, eine *Verfassung* zu geben, was nicht notwendig bedeutet, es zur juristischen Person zu machen, die als solche aus den Rechtsgeschäften des Unternehmens berechtigt und verpflichtet würde.

Solange dafür politisch keine Aussicht besteht, der Gesetzgeber vielmehr dabei beharrt, das Unternehmen mit seinem „Inhaber" (dem Einzelkaufmann oder der „Gesellschaft") gleichzusetzen, gibt es keinen anderen Weg zu diesem Ziel, als die beiden heterogenen Personenkreise, von denen widersinnigerweise der eine, nämlich die Einsetzer des instrumentalen Produktionsfaktors, mit dem Unternehmen identifiziert wird, während die anderen, nämlich die Einsetzer des personalen Produktionsfaktors, rechtlich und tatsächlich Außenseiter sind, soweit möglich miteinander zur Deckung zu bringen, indem den im Unternehmen tätigen „Außenseitern" Gelegenheit und Anreiz geboten wird, durch Beteiligung an dem für das Unternehmen nötigen instrumentalen Produktionsfaktor „Kapital" in den Personenkreis derer einzutreten, denen die Rechtsgeschäfte des Unternehmens zugerechnet werden bzw. die von deren Erfolg oder Mißerfolg unmittelbar betroffen werden.

Dieser Weg liegt völlig im Bereich des geltenden Handels- bzw. Gesellschaftsrechts; die Einleger von Kapital werden Gesellschafter der stillen oder offenen Handelsgesellschaft oder der Kapitalgesellschaft; dafür wird keine Unternehmensverfassung benötigt. Das bestehende Handels- bzw. Gesellschaftsrecht bietet dazu völlig ausreichende Möglichkeiten; gewisse technische, insbesondere aber steuerrechtliche Erleichterungen wären allerdings erwünscht.

Mangels eines Unternehmensrechts und speziell einer Unternehmensverfassung haben wir die wirtschaftliche Mitbestimmung auf dem Umweg über das Gesellschaftsrecht ins Werk gesetzt. Für die Vermögenspolitik dagegen ist dieser Weg kein Umweg, denn ihr unmittelbarer Gegenstand ist ja das im Unternehmen eingesetzte Vermögen; demzufolge hat sie es notwendig mit dem Rechtsträger dieses Vermögens zu tun.

*Realvermögen der Haushalte?*

Bei den ganzen bisherigen Überlegungen sind wir so verfahren, als ob wir es mit zwei geschlossenen Blöcken zu tun hätten, dem Block „Kapital" und dem Block „Arbeit", die im Unternehmen einander gegenüberstünden. Dabei blieb völlig außer acht, daß in unseren heutigen Unternehmen aufs Ganze gesehen das Eigenkapital nur den kleineren, das Fremdkapital dagegen den weitaus größeren Teil des Gesamtkapitals ausmacht. Die bekannten und erschreckenden Zahlen, ein wie großer Teil des Produktionsmitteleigentums sich in den Händen einer verschwindenden Minderheit von Haushalten befindet, bezieht sich nur auf dieses Eigenkapital. Auf dem Weg über Kapitalsammelstellen (Banken, Sparkassen u.a.m.) ist jedoch ein viel größerer Kreis von Haushalten, nicht zuletzt von Arbeiterhaushalten, an dem in den Unternehmen investierten Fremdkapital beteiligt. Aber für die Haushalte bedeutet das keine Beteiligung am Realvermögen und schon gar nicht Beteiligung am Erfolg oder Mißerfolg individuell konkreter Unternehmen, sondern nur abstraktes Geldvermögen; nicht einmal darauf, in welchen Unternehmen dieses ihr Geldvermögen angelegt wird, haben diese Haushalte bestimmenden Einfluß; gerade an dieser Allokation des ihnen anvertrauten Geldvermögens sind die Kapitalsammelstellen interessiert und wahren sie sich als ihre ganz spezifische Aufgabe. Soweit nicht einzelne bedeutende Unternehmen eigene Schuldverschreibungen ausgeben und diese von Sparern erworben werden, kommt es überhaupt zu keiner rechtlichen Beziehung zwischen den Geldvermögen bildenden Haushalten und den sich mit Fremdkapital finanzierenden Unternehmen; von Einflußnahme kann überhaupt keine Rede sein; nicht einmal, wer wen finanziert, läßt sich identifizieren.

Für die Überlegungen über die wirtschaftliche Mitbestimmung, bei der es um die Willensbildung im Unternehmen geht, durfte diese Zusammensetzung des im Unternehmen investierten Kapitals außer Betracht bleiben, weil das Fremdkapital an dieser Willensbildung ohnehin nicht beteiligt ist; die oft bestehende und sehr gewichtige tatsächliche Abhängigkeit des auf Kredit angewiesenen Unternehmens vom Kreditgeber liegt auf einer anderen Ebene und durfte deswegen ausgeblendet werden. Anders bei der Vermögenspolitik und bei der Partnerschaft; hier kommt der Unterschied zwischen haftendem Eigenkapital und nichthaftendem Fremdkapital voll zum Tragen, rechtlich gesehen schon allein wegen ihrer qualitativen Verschiedenheit, im Hinblick auf das gesellschaftspolitische Ziel der Vermögenspolitik und noch mehr im Hinblick auf das unternehmenspolitische Ziel der Partnerschaft wegen ihrer unterschiedlichen Herkunft.

Sowohl gesellschaftspolitisch als unternehmenspolitisch geht es darum, die allzu ungleiche Beteiligung der Haushalte am Realvermögen und ganz besonders am Produktivvermögen, die im gesellschaftlichen Raum zum Gegensatz der gesellschaftlichen Klassen und in den Unternehmen zu dem Interessengegensatz von Kapital und Arbeit geführt hat, auszuräumen oder wenigstens abzubauen. In der heutigen Gesellschaft der fortgeschrittenen Länder haben diese Gegensätze sich zwar bereits stark zurückgebildet, so daß diese Gesellschaften schon nicht mehr ganz dem Bild der typischen kapitalistischen Klassengesellschaft entsprechen, den Charakter einer Klassengesellschaft aber auch noch nicht völlig abgelegt haben.

Auch heute noch bestimmt der gesellschaftliche Standort des einzelnen und des Haushalts, dem er angehört, sich maßgeblich nach dem Merkmal des Besitzes, näherhin danach, auf welcher Seite des Arbeitsmarkts man steht. Unter den heutigen Umständen der wirtschaftlichen Stagnation oder Rezession zeigt sich das besonders deutlich an der unterschiedlichen Betroffenheit durch die Folgen der steigenden Arbeitsproduktivität. Wer über eigene Produktionsmittel verfügt, dessen Arbeit wird durch den Anstieg der Arbeitsproduktivität erleichtert, ihr Erfolg gesteigert, seine Existenz zusätzlich gesichert. Wer dagegen als Arbeitnehmer an fremden Produktionsmitteln arbeitet, dessen Arbeitsplatz wird durch sie gefährdet.

Im Gegensatz zu der Marxschen Vorstellung eines absoluten und unaufhebbaren Interessengegensatzes zwischen den Arbeitsmarktparteien ist daran festzuhalten, daß sie grundlegend interessenverbunden und aufeinander angewiesen sind; ebenso vorbehaltlos ist aber auch anzuerkennen, daß zwischen ihnen äußerst schwerwiegende Interessengegensätze bestehen, die ihr Zusammenwirken in hohem Grad belasten und seinen Erfolg beeinträchtigen. Damit ist schon zum Ausdruck gebracht, daß die unbefriedigende gesellschaftliche Ordnung und die Konflikte im Unternehmen eng miteinander zusammenhängen, und daß breitere Beteiligung der Haushalte am Realvermögen und partnerschaftliche Beteiligung der Belegschaften am Vermögen der sie beschäftigenden Unternehmen nicht nur in der Zielrichtung weitgehend übereinstimmen, sondern auch in den zum Ziel führenden Maßnahmen; jede Maßnahme zugunsten eines dieser Ziele kommt zugleich auch dem anderen zustatten.

*Mittelständische Unternehmen*

Von den Vorzügen oder der Idylle des mittelständischen Unternehmens, in dem ein und dieselbe Person Unternehmer, Kapitalist und erster Arbeiter im Betrieb ist und alle übrigen im Betrieb Tätigen im vollen Sinn des Wortes seine „Mitarbeiter" sind und sich als solche verstehen und mit dem Unternehmen identifizieren, davon brauchen wir in diesem Zusammenhang nicht zu handeln. Wo dieser Unternehmenstyp vorherrscht, treten alle unsere Probleme entweder überhaupt nicht oder doch nicht in ernsthafter Weise auf und ist vor allem die Proletarität kein vererbliches Lebensschicksal, haben vielmehr alle Tüchtigen die reale Chance, zur Selbständigkeit aufzusteigen. Wir dagegen haben es zu tun mit einer Gesellschaft, in der diese Aussicht nur einer schmalen Auslese offensteht und gerade die Erfolgreichsten nicht zu selbständigen mittelständischen Unternehmern, sondern zu hohen und höchsten managieriellen Positionen aufsteigen.

Gesellschaftspolitisch haben wir die Erfahrung gemacht, daß die Bildung gewaltigen Geldkapitals in den Haushalten einschließlich der Arbeiterhaushalte den Klassencharakter unserer Gesellschaft zwar merklich gemildert, aber noch bei weitem nicht behoben hat. Soweit dieser privaten Geldkapitalbildung eine in der Größenordnung vergleichbare Staatsverschuldung gegenübersteht, ja sie selbst zum namhaften Teil durch Staatsverschuldung finanziert worden ist, kann das gar nicht verwundern, war vielmehr von Anfang an nicht anders zu erwarten.

*Herkunft des Kapitals*

Unternehmenspolitisch kommt es darauf an, daß (zusätzliches) Kapital von der eigenen Belegschaft herkommt. Partnerschaft besagt die Beteiligung oder mindestens Gelegenheit zur Beteiligung derer, die im Unternehmen arbeiten (oder gearbeitet haben) an der Finanzierung des Unternehmens und/oder an seinem finanziellen Erfolg. Damit liegt definitorisch fest, daß nur Beteiligung am Beschäftigung gebenden Unternehmen, sei es mit verantwortlichem Eigenkapital, sei es mit erfolgsbeteiligtem Fremdkapital, in Frage kommt. Ob Beteiligung der Arbeitnehmer an großen Kollektivvermögen, wie sie in gewerkschaftlichen Kreisen zeitweilig diskutiert wurde, gesellschaftspolitisch wünschenswert oder vielleicht gerade im Gegenteil unerwünscht ist, kann hier offenbleiben; für das, was wir unter Partnerschaft verstehen, wäre sie ex definitione nur ein Hindernis.

Die Herkunft des Beteiligungskapitals ist also entscheidend, nämlich daß es aus den gleichen Haushalten stammt, aus denen die Arbeitnehmer des Unternehmens kommen, und das sind Haushalte, die bisher im allgemeinen noch über kein nennenswertes Kapital, insbesondere kein Realkapital, verfügen, denen hier aber Gelegenheit und Anreiz geboten wird, solches zu bilden. Das geschieht vor allem, indem Arbeitnehmer Anteile an der Kapitalgesellschaft in Gestalt von Aktien oder von anderen Anteilsrechten erwerben oder sich als typische oder untypische stille Gesellschafter am Unternehmen beteiligen. Gewissermaßen eine Vorstufe dazu besteht darin, Teile des Lohns im Unternehmen stehenzulassen, die nach irgendeinem Maßstab erfolgsbedingt verzinst werden. Auch auf diesem Weg wird der Arbeitnehmer unmittelbar am Erfolg des Unternehmens interessiert, während er im reinen Lohnarbeitsverhältnis nur mittelbar, sozusagen auf dem Umweg, daß das Unternehmen fortbesteht, Aufträge hat und einen Ertrag erzielt, der ihm ermöglicht, hohe Löhne auszuzahlen, daran interessiert ist. Für das reine Lohnarbeitsverhältnis („Abfindungslohn") ist ja gerade typisch, daß der Lohn im vorhinein festliegt und daher zwischen der Leistung, durch die jeder einzelne und die Belegschaft insgesamt zum Unternehmenserfolg beiträgt, und dem Lohn, den der Arbeitnehmer bezieht, kein unmittelbarer Zusammenhang besteht. Solange die endgültige Höhe der Entlohnung nicht an den Erfolg des Unternehmens geknüpft ist, erscheint in den Augen des Arbeitnehmers (und seiner Gewerkschaft) jede Mehr- oder Besserleistung als für ihn nutzlos, als vergeblich erbracht und an das Kapital, auf dessen Rechnung das Unternehmen geführt wird, verschwendet, wenn nicht geradezu als gesteigerte Ausbeutung.

Gelegentlich kann man den Eindruck haben, in den Hinterköpfen namentlich von Gewerkschaftsfunktionären stecke die niemals ausgesprochene, vermutlich gar nicht reflex bewußte Ideologie, alles, was dem Arbeitgeber und damit dem „Kapital" zustatten komme, sei eben deshalb schon an sich böse und verabscheuungswert; darum sei auch jeder Fortschritt, an dem der Arbeitgeber auch nur in geringem Ausmaß partizipiert, schon allein aus diesem Grund abzulehnen; lieber auf einen Vorteil für die Arbeitnehmer verzichten, wenn er zugleich einen wenn auch nur geringfügigen Vorteil für den Arbeitgeber mit sich bringt.

Über das, was ich hier als „Ideologie" karikiert habe, muß, wer Partnerschaft im Unternehmen betreiben will, sich Rechenschaft geben; ich möchte es die *sozialpsychische Umwelt* nennen, in der die Partnerschaft verwirklicht werden und einen Fortschritt herbeiführen soll.

*Wechselseitige Partnerschaft*

Die Partnerschaft erschöpft sich nicht in einem Komplex von Normen, vergleichbar etwa mit dem Aktien- oder GmbH-Gesetz; zu ihr gehört wesentlich eine Gesinnung und Haltung, die ihrerseits in richtiger Einsicht wurzeln muß.

Die von mir karikierte Ideologie ist strenggenommen die logisch stringente Folgerung aus der Marxschen Lehre vom angeblichen Grundwiderspruch des Kapitalismus und absoluten Interessengegensatz zwischen Kapital und Arbeit im Unternehmen. Die Wirklichkeit sieht anders aus. Auf Grund unserer Erfahrung und unvoreingenommener Beobachtung der Tatsachen steht unumstößlich fest, daß im Unternehmen eine umfassende und ausbaufähige Interessenverbundenheit zwischen Arbeit und Kapital und ein zwar durchaus gewichtiger, aber begrenzter und zugleich weiter eingrenzbarer Interessengegensatz besteht.

Für den Arbeitnehmer bedeutet die Arbeit unvermeidlich eine Last. Diese Last setzt sich aus zwei Komponenten zusammen, einer physischen und einer psychischen. Die physische Komponente läßt sich – in der Hauptsache durch technische und auch organisatorische Maßnahmen – zwar niemals restlos beseitigen, aber weitgehend verringern; diese Maßnahmen sind für den Arbeitgeber – und das ist auch für den Arbeitnehmer ohne weiteres einsichtig – mit Kosten verbunden, können ihm allerdings zugleich auch Rationalisierungsgewinne einbringen. Da diese aber – wie unterstellt – für den Arbeitnehmer keine Mehrbelastung bringen, sondern sich netto entlastend für ihn auswirken, wird er diesen Nebenerfolg hinnehmen und nicht aus törichter Mißgunst gegen den Arbeitgeber die Maßnahme ablehnen und auf die Erleichterung verzichten.

*Motivation*

Wie aber steht es um den eigentlichen Kern der Partnerschaft im Unternehmen, nämlich um den Versuch oder das Bemühen, den Arbeitnehmer durch institutionalisierte unmittelbare oder auch nur mittelbare, jedoch für ihn durchschaubare und von ihm begrüßte Beteiligung am Erfolg des Unternehmens zu motivieren? Welche Einstellung bringt der Arbeitnehmer diesem Vorhaben entgegen und welche Reaktion darauf ist von ihm zu erwarten?

Da diese Motivation den Arbeitnehmer veranlassen soll, in erhöhtem Maß zum Erfolg des Unternehmens beizutragen, wird man ihm in Verbindung mit dem materiellen Anreiz auch vermehrte Gelegenheit bieten, Einfallsreichtum und Initiative zu entfalten. So braucht sein erhöhter Beitrag durchaus nicht darin zu bestehen, daß er – wie beim Akkordlohn – durch höhere Anspannung seiner physischen oder psychischen Kräfte mehr Leistung aus sich herausholt mit der Folge, daß sein Einkommen in Geld sich zwar sich erhöht, sein Gesamtbefinden jedoch sich verschlechtert; vielmehr ist zu erwarten, daß er, nachdem sein Interesse einmal geweckt ist, umsichtiger arbeitet und ohne erhöhte Anstrengung mit weniger Material- und Energieverbrauch und in weniger Zeit die gleiche oder eine höhere und vor allem bessere Leistung erbringt. Auf jeden Fall bleibt ihm die psychische Belastung des Verdrusses erspart, von dem, was er über das unerläßliche Mindestmaß hinaus leiste, davon habe er nichts, das alles falle unverdientermaßen seinem Interessengegner, dem Kapitalisten, in den Schoß. So wäre also der Arbeitnehmer, immer vorausgesetzt, daß es sich um ein vertrauenswürdiges, ehrliches Angebot handelt, gut beraten, wenn er es annimmt, und es darf erwartet werden, daß der einsichtige, nicht doktrinär verhetzte Arbeitnehmer auf das Angebot eingehen wird und sich motivieren läßt – gleicherweise zu seinem eigenen Vorteil und zum Vorteil des Unternehmens.

Der Arbeitnehmer, der nicht nur stolz ist auf seine Arbeit, d.i. auf sein fachliches Können und seine Leistung, sondern auch stolz ist auf das Unternehmen, mit dem er sich identifiziert, das in diesem Sinn „sein" Unternehmen ist, hat bestimmt ein leichteres und schöneres Leben als der Arbeitnehmer, der ständig von dem Gedanken gequält ist, daß er nicht für sich und seine Familie, sondern – wie ihm eingeflüstert wird – nur für das Unternehmen, für andere arbeiten muß, die er nicht einmal kennt, die ihn aber ausbeuten. Gleichviel ob dieser Sachverhalt wirklich besteht oder ihm nur eingeredet wird, die Partnerschaft im Unternehmen will ihn ihm nicht nur ausreden, sondern will eine Lage schaffen, bei der der Arbeitnehmer aus eigener Einsicht erkennt und auf Grund eigener Erfahrung spürt, daß er sich nicht vergeblich für gegnerische Interessen abmüht, daß vielmehr sein Einsatz und der Einsatz seiner Arbeitskameraden für den guten Fortgang und den Erfolg des Unternehmens ihm selbst und ihnen allen zugute kommt.

Schon als vor nahezu 100 Jahren ein Kreis katholischer Unternehmer den Verein „Arbeiterwohl" gründete und erste soziale Maßnahmen ins Werk setzte, wurde – damals nicht von sozialistischer, sondern von liberaler (Konkurrenten-)Seite – der hämische Einwand erhoben, von diesen sozialen Maßnahmen zögen sie selbst wohl den größten Nutzen. Das war der Neid und die Mißgunst nicht uneinsichtiger Arbeitnehmer oder Gewerkschaftsfunktionäre, sondern der eigenen, sich im Wettbewerb bedroht fühlenden Unternehmerkollegen.

Neid ist schmutzig. Warum soll man den Unternehmern, die ehrliche und erfolgreiche Partnerschaft ins Werk setzen, den Nutzen mißgönnen, den sie ihnen selbst einbringt? Wenn die Sache recht angefaßt wird, wenn keine katastrophalen Fehler unterlaufen, kurz, wenn es eine ehrliche Partnerschaft ist, dann geht dieser Nutzen nicht zu Lasten oder auf Kosten der Arbeitnehmer, sondern kommt mittelbar auch wieder den Arbeitnehmern zugute. Ein Unternehmer von hohen Graden, der zugleich ein bahnbrechender Forscher und hochgeschätzter wissenschaftlicher Lehrer war, Friedrich Dessauer, hat diese Erkenntnis auf die klassische Formel gebracht: „Gesetz der rückstrahlenden Wohlfahrt."

# VII

# "Ein Tag in der Woche reicht aus"
## *Ein Gespräch*

*Herr Professor v. Nell-Breuning, in Krisenzeiten wird in unserem Wirtschaftssystem gern die Verteilungsfrage neu gestellt: Sollen die Arbeitnehmer um des Funktionierens der Wirtschaft willen auf soziale Errungenschaften verzichten?*
Solch eine Ihre Frage setzt Verteilung und soziale Errungenschaften, wenn schon nicht in eins, so doch in einen Zusammenhang, den ich nicht gelten lassen kann. – Richtig ist, daß wirtschaftlicher Aufstieg die Lösung der Verteilungsfrage erleichtert, wirtschaftlicher Abstieg oder auch nur Stillstand die sogenannten sozialen *Konflikte* zu verschärfen pflegt. Das besagt aber nicht, daß deswegen soziale Errungenschaften preisgegeben werden müßten.

*Ist das wirklich Ihre Meinung, daß Verteilung und Sozialpolitik nichts miteinander zu tun haben?*
Verteilung hat es mit sozialer *Gerechtigkeit* zu tun. Vergrößert der Kuchen sich, dann sind die meisten zufrieden, wenn sie von dem Zuwachs ein wenn auch nur Geringes abbekommen; verkleinert der Kuchen sich, dann achtet jeder schärfstens darauf, nicht schlechter wegzukommen als andere.

Sozial gerecht läßt sich die Verteilung regeln, ohne irgendeine soziale Errungenschaft in Mitleidenschaft zu ziehen. Heute ist das konkret die Frage, ob der große Brocken, den die Verteuerung des Öls aus unserem So-

---

*„Ein Tag in der Woche reicht aus"* (Gespräch, geführt mit Rudi Mews), in: Vorwärts v. 28. Mai 1981, Nr. 23, S. 3.

zialprodukt herausgebrochen hat, uns zu Einschränkungen zwingt, und wenn ja, wer diese Einschränkungen auf sich nehmen soll, wem eine das Gesamtwohl auf die Dauer bedenkende Politik sie auferlegen soll.

*Wo liegt denn Ihrer Meinung nach die wesentliche Ursache der Schwierigkeiten, unter denen wir offenbar leiden?*
Ich sehe sie darin, daß wir mit der ständig steigenden Produktivität unserer Arbeit nicht zurechtzukommen wissen; anstatt eine unschätzbare Wohltat für uns zu sein, bedroht sie uns mit ebenso ständig steigender *Arbeitslosigkeit.* Früher mußten wir Menschen unsere ganze Zeit und äußerste Kraft einsetzen, um der Erde gerade soviel abzuringen, daß wir leben konnten. Heute können wir mit einem Bruchteil unserer Arbeitskraft ein Vielfaches dessen herstellen, was wir brauchen. Um die Menschen in Arbeit (sprich Erwerb) zu bringen, müssen wir sie damit beschäftigen, immer mehr Zeug herzustellen, das wir nicht brauchen, und zehren damit die Rohstoffe auf und verschandeln mit den Abfällen die Umwelt.

*Ist das in Ihren Augen eine akute Gefahr?*
Die Gefahr wird akut, wenn unsere Politiker von der in den 50er und 60er Jahren unbestritten erfolgreichen Wachstumspolitik nicht abzubringen sind und nicht sehen wollen, wohin die Fortsetzung der Reise führt.

*Warum ist eine Politik, die, wie Sie selbst sagen, zwei Jahrzehnte lang erfolgreich war, plötzlich katastrophal geworden?*
In der Sache hat sich gar nichts geändert, aber zwei Erkenntnisfortschritte haben stattgefunden. – Der eine bezieht sich auf wirtschaftliche Zusammenhänge. Die Menschen, die schon gelernt haben, mit der Inflation zu leben und die Geldillusion zu überspielen, haben in-

zwischen auch den Trick der damaligen „Konjunkturankurbelung" durchschaut, und einmal durchschaut, gelingt er nicht mehr.

Der zweite Erkenntnisfortschritt bezieht sich unmittelbar auf Tatsachen, die immer schon bestanden, deren Aktualität man aber unterschätzte. Unsere Produktion zehrt an den Vorräten, die unsere Erde bereithält; schon die einer geringfügigen, aber ständig steigenden Produk*tivität* folgende Mehrproduktion führt zu einem unvorstellbaren Mehrverbrauch an Rohstoffen; geht dieser *exponentiell* steigende Mehrverbrauch so weiter, dann sind einige unentbehrliche „nicht-regenerierbare Ressourcen" schon in allernächster Zeit restlos aufgebraucht.

*Für Sie ist also das Hauptproblem die Beschäftigungspolitik; mit der Wachstumspolitik alten Stils geht es so nicht weiter; wir müssen andere Wege ausfindig machen.*
Völlig richtig! Aber es kommt noch schlimmer. Mit Rücksicht auf den Aufbrauch der Ressourcen und die Umweltzerstörung müssen wir das Wachstum stoppen; um der drei Fünftel der Menschheit willen, denen es noch am Nötigsten fehlt, müßte dagegen weltweit die Produktion noch gewaltig gesteigert werden mit der Folge, daß die Ressourcen noch sehr viel schneller aufgebraucht wären.

*Ließe sich wenigstens bei uns durch Verkürzung der Arbeitszeit abhelfen?*
Den Weg der Arbeitszeitverkürzung gehen wir schon seit mehr als 100 Jahren; wir werden bestimmt auf ihm weitergehen.

*Ein Einstieg in die 35-Stunden-Woche wird nicht ohne Arbeitskampf möglich sein.*

Auch die bisherigen Schritte sind nicht kampflos vor sich gegangen. Aber ich denke nicht an die 35-Stunden-Woche, auch nicht an die 24-Stunden-Woche. Ich denke an eine viel weitergehende Arbeitszeitverkürzung. Ich stelle mir vor, daß wir dahin kommen werden, daß zur Deckung des gesamten Bedarfs an produzierten Konsumgütern ein Tag in der Woche mehr als ausreicht. Es wird auch dazu kommen, daß eine Auffassung, die wir bisher als – ich möchte sagen – eine *ewige* Kategorie angesehen haben, sich als eine *historische* Kategorie erweisen wird, nämlich daß der Beruf des Menschen in jener Tätigkeit besteht, durch die er sein Brot erwirbt. Durch die steigende Arbeitsproduktivität wird der so verstandene Beruf geradezu zur Nebenbeschäftigung werden. Und der Beruf, daß der Mann Ehegatte seiner Frau ist oder die Frau Gattin ihres Mannes und daß die beiden Vater und Mutter ihrer Kinder sind und daß der Mensch sich um öffentliche Angelegenheiten kümmert – also das, was früher einmal nur das Privileg der Honoratioren war –, daß das des Menschen Leben mit Sinn erfüllen wird und die Beschaffung der zur Erhaltung und auch zur Bereicherung und Verschönerung des Lebens dienenden Güter weit in den Hintergrund treten wird.

*Ist das nicht eine schwer begreifliche Idylle?*
Nicht nur „schwer begreiflich", sondern schwer zu verwirklichen, meines Erachtens aber zwingend notwendig. Man sollte solche Zukunftsperspektiven („Konkrete Utopien") doch vor Augen haben, auch wenn es nachher anders kommt, als man es sich vorher gedacht hat, anstatt daß man in der politischen Tageskleckerei immer von einem Behelf zum anderen hupft.

*Von Wahlversprechen zu Wahlversprechen?*
Genau! – Wenn es einen Grundsatz der Wirtschaftsmoral gibt, dann ist es der, die Erwartungen nicht so hoch zu schrauben, daß man sie hinterher nicht erfüllen kann. Ich meine, das Schlimmste hat sich der 1972 scheidende Bundestag geleistet; von denen hätte kein einziger wiedergewählt werden dürfen.

*In der Rentenversicherung muß man auch deshalb nach grundsätzlichen Lösungen suchen. Aber in der Krankenversicherung redet man wieder verstärkt von weiterer Kostenbeteiligung der Beitragszahler.*
Auch hier kommt es zunächst immer auf die tatsächlichen Zusammenhänge an. Die sieht man aber nicht, wenn man von den Finanzen her zu denken anfängt, sondern die sieht man nur, wenn man güterwirtschaftlich denkt. Dadurch, daß wir Menschen gelegentlich krank werden, besteht ein Bedarf an Personal und an Sachmitteln, um die Kranken wieder auf die Beine zu bringen. Dieser Bedarf muß gedeckt werden. Was die Politiker aber daran interessiert, ist: Wie können wir das so finanzieren, daß derjenige, der es wirklich zahlt, es nicht merkt, oder daß man überhaupt nicht weiß, bei wem die Belastung hängenbleibt. Das ist doch das Hindernis, an dem sachbezogene Lösungen immer wieder scheitern.

*Ist die demokratische Kontrolle darüber zu gering?*
Sie ist nahezu unmöglich. Die Zusammenhänge sind so subtil und komplex, daß nur noch der Spezialist im Ministerium sie durchschaut; infolgedessen kann er dem Abgeordneten alles, was er will, plausibel machen.

*Eine schleichende Unterwanderung der grundgesetzlichen Gewaltenteilung?*

Daß bei uns der Einfluß der Ministerialbürokratie auf die Gesetzgebung enorm ist, wird niemand bestreiten. Viele Volksvertreter fühlen sich offenbar als Gefangene des Systems, vermögen aber nicht auszubrechen.

*Aber jetzt, wo die Mittel knapper sind, ist man gezwungen, zumindest häufiger darüber zu reden.*
Ja, Sie sagen, „wo die Mittel knapper geworden sind". Sie denken: die Finanzmittel. Knapp geworden sind sie doch nur deswegen, weil die Politiker nicht den Mut haben, das Geld, das sie ausgeben, auch wieder hereinzuholen. So hat man beispielsweise Vermögensbildung betrieben. Wir haben jetzt auf Sparguthaben 500 Milliarden Mark von privaten Haushalten. Und wir haben 450 Milliarden Mark Schulden des Bundes. Was die Sparer an Vermögen haben, das schulden sie dem Staat als Steuerzahler.

*Sie meinen, man müßte das in einen besseren Kreislauf bringen?*
Der Staat schüttet Geld aus, hat aber nicht den Mut, es zurückzuholen. Der sinnlose Kreislauf zwischen dem Staat als Zinszahler und den Staatsbürgern als Steuerzahlern bläht nur den Geldumlauf auf und trägt so dazu bei, durch die Entwertung des Geldes den Staat von seinen Schulden und die Staatsbürger von ihren Ersparnissen zu „entlasten".

*Was schlagen Sie dagegen vor?*
Von heute auf morgen kann man das natürlich nicht umwerfen, weil alle Menschen in ihrem Denken in den gewohnten Bahnen fest eingefahren sind. Es kann nur in einem langwierigen Lernprozeß allmählich umgesteuert werden.

*Fehlt den Politikern der Mut, die Zeit oder die Einsicht, längerfristig zu denken?*
Sie haben oder finden bestimmt nicht die Zeit; viele haben auch nicht die Einsicht, und leider fehlt ihnen auch der Mut. Wo immer sie argwöhnen, das könnte ihnen Wählerstimmen kosten, dann wird das ausgeblendet, nicht reflex-bewußt, sondern ganz von selbst.

*Wie kann man denn Politiker dazu bringen, auch über Wesentliches nachzudenken?*
Wenn ich das wüßte, würde ich es Ihnen verraten. Aber offenbar ist es doch möglich. Helmut Schmidt spricht gelegentlich bei Akademie-Tagungen. Da merkt man deutlich, er liest nicht die Stilübung eines Ghostwriters vor, sondern redet über Dinge, über die er selbst nachgedacht hat.

# VIII

# Gibt es zukunftsträchtige Wege, allen Arbeitsuchenden Arbeitsgelegenheit zu verschaffen?

Wüßte ich Wege, um allen Arbeitsuchenden zu Arbeitsgelegenheit zu verhelfen, dann hätte ich sie bestimmt längst aller Welt verkündet. Man braucht schon einigen Mut, um überhaupt das Vertrauen zu haben, daß es solche Wege gibt. Ich baue dieses Vertrauen an erster Stelle auf die Weisheit des Schöpfers, von dem ich meine, er habe die Welt so eingerichtet, daß es solche Wege gibt. Und ich meine, wir sollten auch das Vertrauen zu uns Menschen haben, wir hätten bisher noch keine solchen Torheiten begangen, daß wir die objektiv vorhandenen Wege dadurch ein für allemal vernagelt hätten. Wenn das zutrifft, dann gibt es also noch solche Wege, und ist es nur noch die Frage, ob es uns gelingt, sie zu *finden*. Und wenn es uns gelingt, solche Wege zu finden, dann braucht es noch ein zweites, nämlich daß wir uns auf *einen* der aussichtsreich erscheinenden Wege *einigen*. Das erfordert, daß, wer Vorschläge hat, die sich mit den Vorschlägen anderer kreuzen, die Bereitschaft aufbringt, auf Verständigung einzugehen und eine Lösung anzunehmen, die für die verschiedenen wissenschaftlichen Meinungen, aber auch für die unterschiedlichen beteiligten Interessen

---

*Gibt es zukunftsträchtige Wege, allen Arbeitsuchenden Arbeitsgelegenheit zu verschaffen?* in: Arbeitswelt im Umbruch; Arbeitslosigkeit als Anstoß und als Herausforderung, hrsg. W. Kerber. Schriften der Kathol. Akademie in Bayern, Bd. 112, Patmos-Verlag Düsseldorf 1984, S. 140–156.

annehmbar und tragbar ist. Und schließlich, daß wir alle bereit sind, die Opfer auf uns zu nehmen, die der Weg, auf den wir uns verständigt haben, nun einmal unvermeidlich fordert. Diese Hoffnung oder diesen Mut sollten wir uns nicht nehmen lassen; wir sollten uns nicht hineinreden lassen in eine Spirale kumulativer Hoffnungslosigkeit; gegen eine solche Spirale, die gegenwärtig zweifellos am Laufen ist, sollten wir uns mit aller Entschiedenheit auflehnen, und als Christen sollten wir damit unser Gottvertrauen bezeugen.

Verstehen wir allerdings „Arbeit" in dem engen Sinn, in dem wir von individuellem und kollektivem Arbeitsrecht, von Arbeitsmarkt und Arbeitslosigkeit zu sprechen gewohnt sind, dann vertraue ich nicht unbedingt darauf, daß wir Wege finden werden, um allen Arbeitslosen zu Arbeitsgelegenheit zu verhelfen. Diese Wege mag es geben; doch sehe ich es bei solcher Blickverengung als wenig aussichtsreich an, daß wir sie finden. Erst recht bin ich besorgt, ob bei uns die Bereitschaft besteht, sich auf einen solchen Weg zu einigen und die Opfer auf sich zu nehmen, die er uns abverlangt.

*Weiter Begriff der Arbeit*

Auf zwei grundverschiedenen Wegen haben die Menschen bisher die Mittel zu ihrem Lebensunterhalt bezogen: die einen arbeiten, um sich ihren Lebensunterhalt entweder in natura oder in Gestalt eines Geldeinkommens zu *erarbeiten;* die anderen empfangen ihren Lebensunterhalt, um dadurch in den Stand gesetzt zu werden, anderen einzelnen oder der Gemeinschaft zu *dienen.*

Zu dieser zweiten Gruppe gehören keineswegs nur

die „Honoratioren" und die öffentlichen Bediensteten; dazu gehört die große Zahl derer, deren Arbeit *konventionell* in der volkswirtschaftlichen Gesamtrechnung und im Sozialprodukt nicht erscheint, d. i. die in den Haushalten von den Frauen und Müttern geleistete *Eigen*arbeit. – Dazu kommt noch die heute immer größere Menge von Arbeit, die zwar dort zu erscheinen hätte, tatsächlich aber dort nicht erscheint, d. i. die *Schwarz*arbeit. Ihr beizukommen wird gewiß sehr schwer sein; sie statistisch zu erfassen besteht keine Aussicht. Aber alle Maßnahmen zur Behebung unserer statistischen Arbeitslosigkeit, die das Problem der Schwarzarbeit, die Ursachen und die Folgen der Abdrängung von der legalen über die graue Zone in die Schwarzarbeit außer acht lassen, gehen von vornherein fehl.

In der bisherigen Menschheitsgeschichte wurde und in den zurückgebliebenen Ländern wird heute noch alle Arbeitskraft benötigt, um sich am Leben zu erhalten und einer hauchdünnen gesellschaftlichen Oberschicht ein Leben in Luxus und/oder „Muße" zu gestatten. Wir dagegen brauchen dank der ungeheuer gestiegenen und immer noch steigenden Produktivität unserer Arbeit *immer weniger* zu arbeiten, um nicht nur den dringenden Lebensbedarf, sondern eine sehr hohe Lebenshaltung zu bestreiten. – Damit ist bereits das wesentliche Sachproblem genannt: wie verändert eine ständig steigende Produktivität unserer Arbeit unser gesamtes Leben und Dasein; wie haben wir uns da *umzustellen?*

Um das in den Griff zu bekommen, muß man die Frage sehr viel weiter, viel umfassender stellen, als das in der allgemeinen Diskussion geschieht, wo die Frage faktisch eingeschränkt wird auf die am Arbeitsmarkt angebotene und am Arbeitsmarkt nachgefragte *Erwerbsarbeit*. Diese Art der Arbeit ist mit dem Aufkommen der

Industriewirtschaft an Bedeutung außerordentlich gewachsen, ist geradezu geschichtsgestaltend geworden, ist in den fortgeschrittenen Ländern *die* „Soziale Frage" des 19. Jahrhunderts gewesen und hat sich in den zurückgebliebenen Ländern zur sozialen Frage des 20. und vielleicht noch des 21. Jahrhunderts entwickelt. Diese Art der Arbeit beschäftigt uns in solchem Grad, daß wir darüber aus dem Blick verlieren, daß sie auch heute bei weitem nicht die Gesamtmenge der von Menschen geleisteten Arbeit ausmacht. Obwohl unter unseren Verhältnissen ein sehr wesentlicher Bestandteil, macht sie dennoch höchst wahrscheinlich nicht die absolut größere Menge von Arbeit aus, sondern bleibt selbst bei uns noch hinter der Hälfte aller geleisteten Arbeit zurück. Auf Weltweite gesehen ist diese Arbeit im Lohnarbeitsverhältnis auch heute noch eine ausgesprochene Minderheit.

Demzufolge darf die Frage, um die es uns geht, nicht so gesehen werden, als komme es darauf an, alle Menschen in Arbeit *dieser einen* Rechtsgestalt zu bringen, sondern in der Weise, den Menschen überhaupt Gelegenheit zur Arbeit zu geben, zur Arbeit in umfassendstem und weitestem Sinn des Wortes.

*Begriffsbestimmung der Arbeit?*

Unter dieser Rücksicht liegt es nahe, uns Rechenschaft darüber zu geben, was alles in der Geschichte der Menschheit unter „Arbeit" verstanden worden ist, was alles man als Arbeit anerkannt hat und wie wir heute die Arbeit verstehen. Angesichts des Sprachgebrauchs, der zahlreiche Tätigkeiten bald mit dem Namen „Arbeit" belegt, bald ihnen die Bezeichnung als Arbeit versagt, erweist sich eine Begriffsbestimmung als unmöglich. In das Wort „Arbeit" legen wir eine Vielzahl von Sinndeutungen hinein, ganz abgesehen von dem geschichtlichen Wandel, daß „Arbeit" in unserer deutschen Sprache ursprünglich ein Erleiden, nämlich Elend, bedeutete, heute dagegen kraftentfaltende Tätigkeit, wobei wir uns offenbar gar nicht bewußt sind, daß auch in unserem heutigen Sprachgebrauch diese historisch ältere, also linguistisch ursprünglichere Bedeutung von Arbeit immer noch mitschwingt und daher auf unser Urteil über die Arbeit, unsere Wertung der Arbeit, die Ansprüche, die wir aus der Arbeit herleiten, bis heute noch abfärbt.

Um auch nur einen einzelnen Sektor des Arbeitslebens in Ordnung zu bringen, müssen wir, das ist meine Überzeugung, das Gesamt der menschlichen Arbeit in unsere Überlegungen einbeziehen mitsamt den vielfältigen Beziehungen zwischen der arbeits- und tarifrechtlich geregelten Arbeit und der Schattenarbeit, die sich arbeits- und tarifrechtlicher Regelung entzieht einschließlich aller Übergänge über eine Grauzone bis zur Schwarzarbeit. Das ist umso dringender, als wir infolge der hier bestehenden unvermeidlichen Zusammenhänge uns ständig in der Gefahr befinden – und diese Gefahr steigert sich offenbar gerade in der Gegenwart in erschreckendem Ausmaß –, durch Maßnahmen, die wir in der wohlmeinenden Absicht treffen, um die Dinge im Raume der über den Arbeitsmarkt gehenden und allen gesetzlichen Regelungen unterliegenden Arbeit in Ordnung zu bringen oder zu verbessern, ganz gegen unsere Absicht immer mehr Arbeit aus diesem Bereich abzudrängen in den Bereich des Grauen, in den Bereich der Schwarzarbeit mit außerordentlich unerfreulichen *Rück*wirkungen auf den Bereich, den wir unserer Absicht nach besser, gerechter gestalten wollten.

*Produktivitätsfortschritt*

Das Kernproblem, mit dem wir zu ringen haben – darüber besteht wohl kaum eine ernsthafte Meinungsverschiedenheit –, Kernproblem ist – wie schon gesagt – der ständige Anstieg der *Arbeitsproduktivität*. Dank der gestiegenen und weiter steigenden Produktivität unserer Arbeit können wir das, was wir zu schaffen haben, mit immer weniger Zeitaufwand bewältigen. Dieser Fortschritt unserer Arbeitsproduktivität müßte daher – so scheint es – für uns Menschen eine wunderbare Erleichterung unseres Daseins bedeuten.

Für viele Menschen trifft das auch zu. So ist es für die Hausfrau schlechterdings eine Erleichterung, wenn es ihr gelingt, ihren Haushalt so einzurichten, daß sie mit weniger Aufwand an Zeit und Mühe den Haushalt ebenso freundlich, ebenso wohnlich, ebenso anziehend gestaltet, wie sie das früher nur vermochte, wenn sie sich dafür sehr viel mehr Plage und Schinderei auflud. Und keine Hausfrau, der es gelingt, ihre Haushaltsarbeit mit weniger Aufwand an Zeit und Mühe zu bewältigen, gerät dadurch in Sorge, ihren „Arbeitsplatz" zu verlieren. Die Hausfrau und Mutter freut sich vielmehr, daß sie sich jetzt mehr ihrem Mann widmen, viel mehr für ihre Kinder dasein, eigene Interessen literarischer, künstlerischer oder wissenschaftlicher Art pflegen kann und Zeit gewinnt, um am öffentlichen Leben teilzunehmen, sich in caritativer und anderer gemeinnütziger Wirksamkeit zu betätigen. Offenbar gibt es also einen Bereich der Arbeit, in dem der Fortschritt der Arbeitsproduktivität sich als reines Positivum erweist.

In dem anderen Bereich dagegen, der uns die großen Besorgnisse bereitet, ist der Produktivitätsfortschritt zwar auch ein Gewinn, auch ein Vorteil, auch eine Verbesserung oder Erleichterung unseres Daseins. Zugleich aber ist er auch der Grund zu der Besorgnis, den Arbeitsplatz zu verlieren. Angesichts der heutigen Situation müssen wir wohl sagen, daß diese Besorgnis sich nicht nur an der großen Zahl von Arbeitslosen, die diesem Schicksal bereits verfallen sind, verwirklicht hat, sondern daß auch diejenigen, die bisher davon verschont geblieben sind und bis heute noch im entlohnten Arbeitsverhältnis stehen, unter der gleichen Sorge um den Bestand, die Bestanderhaltung ihres Arbeitsplatzes stehen und darunter vielleicht mehr leiden, als alle Steigerung ihres Einkommens und der Lebenshaltung, die sie dank dem in den letzten Jahrzehnten erzielten Produktivitätsfortschritt genießen, nicht nur aufwiegen, sondern vielleicht überwiegen. Es kann sehr wohl sein, daß breite Schichten unserer Arbeiterschaft Ende der 50er, Anfang der 60er Jahre, wo es keinerlei Besorgnis um den Bestand des Arbeitsverhältnisses gab, glücklicher und bei der damaligen Lebenshaltung besser daran waren als bei ihrer heutigen, sehr viel höher liegenden Lebenshaltung, die aber belastet ist mit dieser Besorgnis.

Als Ergebnis sei festgestellt: das, was im Bereich der Lohnarbeit die zentrale Ursache der uns bedrückenden Sorgen und Schwierigkeiten ist, wirkt sich in anderen Bereichen der Arbeit, wie am Beispiel der Hausfrauenarbeit gezeigt, überhaupt nicht aus. Das legt doch die Frage nahe oder drängt sie geradezu auf, ob wir den Produktivitätsfortschritt für diesen einen Bereich nicht dadurch nutzbar machen sollten, daß wir das *Arbeitsvolumen reduzieren*. Der Gedanke ist weder neu noch originell. Tatsächlich verfahren wir seit mehr als 100 Jahren bereits so, wenn auch vielleicht nicht aus dieser Überlegung heraus. Gemeint ist Arbeitszeitverkürzung nicht nur in dem Sinn, daß dadurch Arbeitsgelegenheit eröffnet wird für diejenigen, denen sie heute fehlt, sondern in dem umfassenden Sinn, daß in diesem Bereich insgesamt *weniger* gearbeitet wird als bisher, weil mit weniger Arbeit nicht nur ebensoviel Güter wie früher, sondern sogar noch sehr viel *mehr* Güter als früher geschaffen werden. Der Gedanke ist einleuchtend, aber offenbar ist es leichter gesagt als getan.

*Arbeit als Einkommenserwerb*

Der Arbeitsbereich, dessen Volumen zu reduzieren hier ins Auge gefaßt wird, ist wesentlich dadurch gekennzeichnet, daß die in ihm geleistete Arbeit unter den Bedingungen der Arbeitsteilung, der Geldrechnung und der Trennung von Haushalt und Betrieb auf den Erwerb von *Einkommen* abzielt.

*Arbeitsteilung und Geldrechnung*

Im „Oikos", von dem der Name „Oekonomie" stammt, dem „gesamten Haus", wie man es früher zu nennen pflegte, bildeten Haushalt und Betrieb eine Einheit und regelte sich alles – wenn auch vielleicht mit mancher Härte – sozusagen von selbst. Die Mitwirkung aller war dringend benötigt; alle wurden eingespannt, wo man sie eben brauchte, „alle nach ihren Kräften"; aus dem noch so kümmerlichen Ergebnis der gemeinsamen Anstrengungen wurden alle versorgt, „jeder nach seinen Bedürfnissen".

Die Trennung von Haushalt und Betrieb und die immer weitergehende Arbeitsteilung hat die Arbeit zwar immer effizienter („produktiver") gemacht, die Dinge aber zugleich immer mehr kompliziert. Die Arbeit richtet sich nicht mehr darauf, die konkreten Dinge zu (be-)schaffen, die man braucht, sondern auf den Erwerb eines *Einkommens* in abstrakten Geldeinheiten, *aus dem* man sich die Bedarfsgegenstände *be*schaffen kann. – Der Erwerb dieses Geldeinkommens und damit das Erwerbsstreben als solches *schaltet* sich der Bedarfsdeckung *vor*. Damit eröffnen sich auf der einen Seite ungeheure Möglichkeiten; dafür entstehen aber auf der anderen Seite ebenso neuartige Schwierigkeiten, die bis auf den heutigen Tag nicht bewältigt, ja nicht einmal in ihrer vollen Schwere erkannt und dieser ihrer Schwere gemäß durchdacht, geschweige denn gelöst sind. – Dazu kommt, daß das Geld, anstatt –, wie es sollte und auch könnte – die Lösung der mit der Arbeitsteilung, dem Güteraustausch und der Verteilung von Einkommen und Vermögen zusammenhängenden Schwierigkeiten zu erleichtern, uns dazu verleitet, einseitig in Geldgrößen zu denken und zu rechnen und damit die Finanzierungsprobleme in den Vordergrund zu schieben und die Sachprobleme aus dem Blick zu verlieren. Das führt zu dem widersinnigen Ergebnis, daß vieles, was *güter*wirtschaftlich möglich ist, angeblich sich *nicht* finanzieren läßt. Genau das ist ja die Situation, in der wir derzeit stehen. Dagegen ist festzuhalten: was *güterwirtschaftlich möglich ist, das ist auch finanzierbar;* wenn uns die Finanzierung nicht gelingt, kann das nur an Fehlern liegen, die wir gemacht haben oder noch weiter machen; diese Fehler lassen sich ausräumen und müssen ausgeräumt werden, wenn wir an unserer Marktwirtschaft nicht irre werden sollen.

Unbezweifelbar bedeutet die Erfindung des Geldes einen ungeheueren Fortschritt, der die arbeitsteilige

Wirtschaft überhaupt erst ermöglicht hat. Aber, so scheint es, wir sehen nicht ausreichend und würdigen nicht gebührend den *Preis,* den dieser Fortschritt uns kostet. Er kostet uns einmal eine innere Umstellung des einzelnen, der jetzt nicht ein konkretes Ergebnis seines Tuns vor sich hat wie die Hausfrau, die eine ganz konkrete Vorstellung hat von dem gemütlichen Heim, das sie ihren Angehörigen bereitet. Wer seine Erwerbstätigkeit mit dem Ziel ausübt, ein *Einkommen* zu erzielen, der hat zunächst einmal nur ein abstraktes Ziel, eine Geldgröße vor sich. Bei der Hausfrau ist das Ziel konkret und eben dadurch begrenzt; beim Einkommenserzieler dagegen ist es abstrakt und infolgedessen *un*begrenzt. Darum bleibt hier immer das Streben nach mehr und noch mehr, und dieses „mehr und mehr" hat nicht die Eigenschaft, zu sättigen, zu befriedigen, sondern es verweist nur immer wieder einen Schritt weiter. Daher die ständigen Kämpfe, die ständige Unruhe, die wir in diesem Bereich haben. Zum anderen mal verleitet es nicht nur den einzelnen, sondern verleitet die Wissenschaft, verleitet die Politik dazu, die Probleme unter dem finanziellen Aspekt zu sehen und darüber die reale, die güterwirtschaftliche Seite aus dem Blick zu verlieren. Wirtschaft ist nun einmal ein reales, ein güterwirtschaftliches Geschehen. Wir leben nicht vom Geld, sondern wir leben von den realen Gütern, mit denen wir unsere elementaren Bedürfnisse als Geist-Leib-Wesen befriedigen. Aber auch unsere höheren geistigen Bedürfnisse befriedigen wir ohne Ausnahme *alle* unter Zuhilfenahme materieller Güter, die im realen Wirtschaftsprozeß geschaffen wurden.

Das Geld sollte ursprünglich den tauschwirtschaftlichen Prozeß erleichtern, vielleicht ihn im großen Stil überhaupt erst möglich machen, in Wirklichkeit aber stoßen wir derzeit ständig auf angeblich *un*überwindliche Finanzierungsschwierigkeiten. Wenn es zuträfe, daß das, was güterwirtschaftlich möglich ist, nicht auch finanzierbar ist, dann wäre die Erfindung des Geldes kein Fortschritt für die Menschheit gewesen, sondern dann hätte die Menschheit mit dieser Erfindung einen Rückschritt gemacht. Daß es güterwirtschaftlich möglich ist, daß alle arbeitsfähigen Menschen ihren Arbeitswillen und ihre Arbeitskraft für irgend etwas Vernünftiges oder Nützliches zugunsten ihrer Mitmenschen einsetzen, daran zweifelt wohl kein vernünftiger Mensch. Warum soll es nicht gehen? Ja, so heißt es, weil es nicht finanzierbar ist. Allenfalls mag es im Augenblick wirklich nicht finanzierbar sein; *wenn* das der Fall ist, dann kann die Ursache nur darin liegen, daß wir Menschen diesen tauschwirtschaftlichen Prozeß und seine Abrechnung in Geld bisher oder in jüngster Zeit *fehlerhaft* organisiert haben; als Quittung für unsere Fehler haben wir dann jetzt diese Blockade durch angebliche oder wirkliche finanzielle Sperren, beispielsweise in Gestalt der Staatsverschuldung, mit der der Staat seine Kreditfähigkeit erschöpft oder gar überzogen hat und infolgedessen diesen Weg nicht weiter fortsetzen kann.

Die rechte Schlußfolgerung daraus wäre, zurückzudenken und uns zu fragen, wie wir denn bisher unsere Maßnahmen finanziert haben, welche Fehler uns dabei unterlaufen sind und wie wir diese Maßnahmen umstellen müssen, um zunächst einmal diese Fehler nicht noch weiter zu begehen, sondern sie abzustellen, und zweitens soviel wie möglich auch die Sperrungen rückgängig zu machen, die wir durch die begangenen Fehler herbeigeführt haben.

Hier stoßen wir auf zwei schwer zu behebende Schwierigkeiten.

Die erste liegt darin, daß die Politiker es bei ihren Entscheidungen unmittelbar nicht mit der Güterseite der Dinge zu tun haben, sondern mit der *Finanz*seite. Beschlossen wird über den Haushalt. Das zwingt sie dazu, sich an erster Stelle mit den Haushaltsziffern zu befassen, anstatt von den Sachproblemen her zu denken, welche Lösung hier sachlich geboten wäre, und dann zu fragen, wer bezahlt es?

Damit ist schon die zweite Schwierigkeit berührt, nämlich wie schwer es den Politikern fällt, denen, die das bezahlen sollen, das zu sagen; deshalb ist es eine ungeheure Versuchung für sie, die Maßnahmen so zu treffen und zu finanzieren, daß diejenigen, die es wirklich zahlen – es wird uns nicht geschenkt, alles wird von irgend jemand bezahlt! –, es *nicht merken*.

*Auf die Nachfahren verlagert?*

Ein beliebter Weg ist dieser, das Geld nicht anzufordern in Gestalt von Steuern, Gebühren oder Beiträgen, sondern es sich von Leuten, die Geld haben, zu *leihen.* Durch die Bezahlung mit geliehenem Geld wird verschleiert, daß der Wirtschaft Mittel entzogen worden sind; manche bilden sich sogar ein, auf diese Weise sei es gelungen, die Last auf unsere Nachfahren abzuschieben. Das ist allerdings ein Irrtum. Alles, was bis heute geschafft worden ist, haben wir selber durch unsere Leistung, durch unseren Aufwand bestritten; es ist unmöglich, diese Last auf die Nachfahren abzuschieben. Die Nachfahren belasten wir, wenn wir unsere Wirtschaft herunterwirtschaften, wenn wir ihnen einen zerrütteten oder einen nicht auf der Höhe der Zeit stehenden Wirtschaftsapparat hinterlassen. *Wenn* wir, um uns Lasten zu ersparen, anstatt die Umwelt zu pflegen und zu schonen, sie verwüsten und ruinieren, *dann* bürden wir unseren Nachfahren Lasten auf, die wir hätten auf unsere Schultern nehmen müssen. Alle Leistungen, die wir vollbracht haben, die haben wir uns selbst abgerungen; alle Aufgaben, die wir erfüllt haben, die haben wir in jedem Fall auch selber bezahlt.

Diese Ausführungen zur Geldrechnung mögen weitläufig erscheinen. Die einseitige Betrachtung der Dinge von der Geldseite her und das Außerachtlassen der Güterseite ist aber so verbreitet und wirkt so verheerend, daß man nicht genug tun kann, um sie zu bekämpfen.

*Verkoppelung von Arbeit und Erwerb*

Nicht bei der Lohnarbeit allein, aber bei ihr in besonders typischer Weise pflegen wir Arbeit und Erwerb des Lebensunterhalts miteinander zu verkoppeln, ja sie geradezu in eins zu setzen. Dagegen ist grundsätzlich Widerspruch zu erheben; überdies könnte ihre Entkoppelung sich vielleicht nicht nur für den Bereich der Lohnarbeit, sondern für das Arbeitsleben überhaupt nützlich erweisen und einen Beitrag dazu leisten, bestehende Sperren abzubauen und Wege zu eröffnen, um allen Arbeitsuchenden zu Arbeitsgelegenheit zu verhelfen.

Für uns sind Arbeit und Erwerb des für den Lebensunterhalt benötigten Einkommens geradezu austauschbare Wechselbegriffe: obendrein sehen wir uns darin noch bestärkt durch das immer wieder falsch zitierte Apostelwort, wer nicht arbeite, der solle auch nicht essen. In dieser falschen Fassung würde das Apostelwort in der Tat besagen: *ohne* Arbeit *kein* Anspruch auf Unterhaltsmittel. Richtig lautet das Apostelwort jedoch, wer nicht arbeiten *wolle,* der solle auch nicht essen. Darüber, woher der Mensch Anspruch auf den lebensnotwendigen Unterhalt habe, darüber sagt der Apostel nichts; er sagt nur, durch die Weigerung zu arbeiten *verwirke* er diesen Anspruch.

Unsere Verkoppelung von Arbeit mit Erwerb des Lebensunterhalts oder von Einkommen versteht sich keineswegs von selbst, ist vielmehr (mindestens in dieser Form) eine verhältnismäßig junge und meiner Meinung nach äußerst problematische Angelegenheit. Wir sollten doch inzwischen gelernt haben, daß auch der der Kindheit entwachsene Mensch nicht erst durch seine Arbeit den Anspruch auf Lebensunterhalt erwirbt, daß dieser ihm vielmehr ohnehin auf Grund seines *Rechts auf Leben* zusteht. Durch Arbeit braucht der Mensch diesen Anspruch nicht erst zu *erdienen;* durch den Beitrag, den er durch seine Arbeit zum Sozialprodukt leistet, *entgilt* er vielmehr das, was er real aus dem Sozialprodukt empfängt oder entnimmt.

Gerade hier sehen wir uns nun aber überraschenderweise einem Problem gegenübergestellt, das in keinem unmittelbaren Zusammenhang mit der Arbeitsproduktivität steht, aber von kaum geringerer Bedeutung ist. – Nach der bisher geläufigen Vorstellung produzieren die Werktätigen nicht jeder für sich und für seine Bedürfnisse, sondern jeder für die anderen und deren Bedürfnisse und tauschen ihre Erzeugnisse wechselseitig untereinander aus; der Bauarbeiter baut für das Wohnbedürfnis des Schneiders, und der Schneider schneidert für das Bekleidungsbedürfnis des Bauarbeiters, und so fort. Der Austausch werde – so ist die Vorstellung – über den Markt und mittels des Geldes bewerkstelligt; im Ergebnis bezahle man sich gegenseitig mit den Erzeugnissen der eigenen Arbeit.

### Öffentliche Güter

Diese anschauliche und daher überzeugend wirkende Vorstellung unterstellt stillschweigend, daß die durch die Arbeit erstellten Güter *Individualgüter,* d.i. Gegenstände des persönlichen Lebensbedarfs und der persönlichen freien Verfügung sind. Solange die Produktion *öffentlicher* Güter so geringfügig ist, daß man sie ohne allzu schweren Fehler vernachlässigen kann, ist diese vereinfachende Vorstellung unschädlich und daher zulässig; unter den heutigen Umständen dagegen trifft sie nicht einmal in ferner Annäherung mehr zu. Ein immer größerer Teil dessen, was wir durch unsere Arbeit an Sachgütern und Dienstleistungen erbringen, ist nicht von der Art, daß es veräußert und der arbeitende Mensch aus dem Verkaufserlös entlohnt werden, d.i. das Einkommen beziehen könnte, von dem er lebt und von dem man sagen könnte, damit sei seine Leistung gerecht, d.i. zu ihrem Gegenwert entlohnt. Das ist immer weniger möglich, weil ein immer größerer Teil der Leistung gar nicht in solchen Sachgütern oder Dienstleistungen besteht, sondern in *öffentlichen* Gütern, die ex definitione jedermann zugänglich sind, von denen niemand ausgeschlossen werden kann und für die sich deswegen kein Kaufpreis erzielen läßt.

Als möglichst anschauliches Beispiel diene der „blaue Himmel über dem Ruhrgebiet". In einem Wahlkampf versprach der Kanzlerkandidat, wie man ihm vorwarf, „das Blaue vom

## Öffentliche Güter

Himmel"; er versprach seinen Wählern nämlich, er werde dafür sorgen, daß es über dem Ruhrgebiet wieder einen blauen Himmel gebe. Und dieses Wahlversprechen wurde sogar erfüllt; über dem Ruhrgebiet gibt es heute wieder einen einigermaßen blauen Himmel. Er wurde wiederhergestellt durch menschliche Arbeit, natürlich nicht durch Arbeit oben am Himmel, sondern hier unten auf der Erde; durch menschlichen Arbeitseinsatz wurden die Ursachen ausgeräumt, die dem Ruhrgebiet den blauen Himmel geraubt hatten.

Den heutigen Menschen kann ein immer größerer Teil ihrer Arbeit nicht mehr in Gestalt *individuellen* Einkommens entgolten werden. Insofern wachsen wir, ohne es zu merken, aus unserer bestehenden Marktwirtschaft hinaus; wir müssen das sehen und wir müssen den Mut aufbringen, die Konsequenzen daraus zu ziehen. Den arbeitenden Menschen müssen wir die Erkenntnis erschließen, die ihnen geläufige Vorstellung, sie gäben ihre Leistung in das Sozialprodukt hinein und erhielten deren Gegenwert in ihrer Lohntüte zurück, diese Vorstellung stimmt schlechterdings nicht mehr. Wir müssen eine immer größere Zahl von Menschen im öffentlichen Dienst beschäftigen, der nur *öffentliche* Güter produziert: äußere und innere Sicherheit, Einhaltung der Rechtsordnung, öffentliche Hygiene, Verkehrswege und Verkehrssicherheit und vieles, sehr vieles andere. Ein immer größerer Teil der am Arbeitsmarkt angebotenen und nachgefragten Arbeit kann auf dem Weg des Austauschs ihrer Produkte auf dem Weg über den Markt nicht mehr entlohnt werden.

## Gibt es zukunftsträchtige Wege?

*Eine Grundsatzfrage an die Marktwirtschaft*

Als Ergebnis ist festzustellen: nur insoweit durch die Arbeit veräußerliche (verkäufliche) Güter erzeugt werden, kann der arbeitende Mensch aus dem Produkt seiner Arbeit entlohnt werden und in diesem Sinne sein Einkommen *aus seiner Arbeit* beziehen. Insoweit dagegen das Produkt der Arbeit in *un*veräußerlichen (*un*verkäuflichen) Gütern besteht, kann der arbeitende Mensch daraus *nicht* entlohnt werden (der „blaue Himmel" läßt sich nicht in Stückchen abgepackt in die Lohntüten abfüllen!); der Entgelt für diese Arbeit muß aus anderer Quelle beigebracht werden. Nun besteht unter unseren Verhältnissen unser Sozialprodukt zu einem immer größeren Teil aus öffentlichen, also ex definitione unveräußerlichen Gütern; ein immer größerer Teil auch der im Lohnarbeitsverhältnis stehenden Menschen ist durch seine Arbeit unmittelbar oder mittelbar beteiligt an der Produktion dieser Art von Gütern. Das nötigt dazu, den Verteilungsprozeß neu zu überdenken. Von einem solchen Austausch, wie er auch dem sog. „Recht auf den vollen Arbeitsertrag" zugrundeliegt, zwischen der Arbeitsleistung als *Eingabe* in das Sozialprodukt und der *Entnahme* der produzierten Güter als Entgelt aus dem Sozialprodukt kann zum mindesten unter den heutigen Verhältnissen keine Rede sein; die Dinge sind unvergleichlich komplizierter. Wie bereits angedeutet kann man das auch so ausdrücken: wir wachsen, zunächst offenbar ohne es zu merken, aus der bestehenden Marktwirtschaft heraus; wenn wir das marktwirtschaftliche *Prinzip* beibehalten wollen, dann müssen wir uns eine *neue* marktwirtschaftliche Praxis ausdenken.

Unsere heutige Praxis drängt geradezu vom legalen

## Eine Grundsatzfrage an die Marktwirtschaft

Arbeitsmarkt weg in die *Schwarzarbeit*. Sollen nicht mehr und mehr legale Arbeitsplätze an die Schwarzarbeit verlorengehen, was einem Zusammenbruch unseres arbeits- und sozialrechtlichen Systems gleichkäme, dann muß dieses unser Nachdenken sehr bald zu Ergebnissen führen und müssen auch unsere Gewerkschaften eine neue Konzeption finden. Vorübergehend können empfindliche Opfer damit verbunden sein. Unsere Politiker müssen den Mut aufbringen, ihren Wählern diese Opfer zuzumuten, zumal sie im Endergebnis keinen Verlust, sondern einen Gewinn bedeuten, indem sie dazu beitragen, nicht nur die eigene Lage, sondern auch die Lage aller anderen zu verbessern, die von den öffentlichen Gütern nicht ausgeschlossen werden können und nach unserer sittlich-rechtlichen Überzeugung davon auch nicht ausgeschlossen werden dürfen.

Der gleichen fehlerhaften Verknüpfung von Arbeit und Einkommen war auch die Vorstellung entsprungen, die wir uns von der Versorgung der Menschen im nicht mehr arbeitsfähigen Alter machten und die uns seinerzeit verleitete, die damals Alters- und Invalidenversicherung genannte soziale Rentenversicherung nach dem Kapitaldeckungsverfahren aufbauen zu wollen. Nachdem dieser Versuch sich als undurchführbar erwiesen hat und wir zum Umlageverfahren übergegangen sind, sitzt die irrige Vorstellung in den Köpfen wohl der allermeisten Versicherten immer noch fest, die sich einbilden, mit ihren Beiträgen sparten sie die Rücklage an, aus der ihnen später ihre Renten gezahlt würden; selbst das Bundesverfassungsgericht scheint gegen diese Illusion nicht völlig immun zu sein.

*Eigenarbeit*

An dieser Stelle tut sich der Zusammenhang auf mit der unbezahlten und, *weil* unbezahlt, in der öffentlichen Meinung so erschreckend unterschätzten, um nicht zu sagen mißachteten *Eigen*arbeit der Hausfrauen und Mütter, die nicht nur in ethischer und religiöser Sicht einen unersetzbaren Beitrag zu unserem Dasein und Wohlsein leisten, sondern auch *güterwirtschaftlich* durch den *Nachwuchs,* den sie aufziehen, für die Versorgung derer, die ihr Arbeits- und Erwerbsleben hinter sich haben, die allein tragfähige Grundlage legen, dabei aber selbst für ihr Alter am kümmerlichsten gesichert sind.

Ob und inwieweit ein ursächlicher Zusammenhang besteht zwischen der ungerechten Behandlung dieser auf Erwerbstätigkeit und daraus erzielbares Einkommen, aus dem sie ihre eigene Altersvorsorge bestreiten könnten, verzichtenden Frauen und Mütter und dem Mißverhältnis von Angebot und Nachfrage am Arbeitsmarkt, müßte untersucht werden. Bestimmt aber könnten für zahlreiche Arbeitsuchende Arbeitsplätze freigemacht werden, wenn Mütter, die für kleine Kinder zu sorgen haben, der Notwendigkeit *enthoben* würden, zusätzlich auch noch erwerbstätig sein zu müssen, um für ihre Kinder auch noch den Lebensunterhalt zu erarbeiten.

Diese beiden in unserer Politik nahezu gleichgewichtig nebeneinander stehenden Fragen sehen wir nur dann richtig, wenn wir uns loslösen von der unser Denken blockierenden Verkoppelung von Arbeit und Einkommen. Selbstverständlich stehen Arbeit und Einkommen in vielfältigem Zusammenhang. Aber Arbeit und Einkommen gehören nicht so zueinander, daß Arbeit nicht ihren vollen Sinn, ihre volle Bedeutung hätte, auch wo sie kein Einkommen erbringt; ebenso braucht

Einkommen nicht notwendig gerechtfertigt zu sein durch Arbeit. Wir alle sind einmal ins Dasein getreten und haben viele Jahre lang alles, was wir zum Leben und für unsere Ausbildung brauchten, erhalten, bevor wir unsere erste produktive Arbeit leisten konnten. Auch am Ende unseres Lebens werden wir wieder darauf angewiesen sein, Unterhaltsmittel zu empfangen, *ohne* dafür eine Gegenleistung in Gestalt produktiver Arbeit erbringen zu können.

Den Anspruch auf das, was er für sein Leben braucht, hat der Mensch auf Grund seiner Menschenwürde, auf Grund der Tatsache, daß Gott ihn so geschaffen hat, daß er das braucht und darum auch das Recht darauf hat. Lange Zeit genießt er dieses Recht, ohne es entgelten zu können. Erst dann und nur insoweit er in der Lage ist, es zu entgelten, tritt für ihn die Verpflichtung ein, das, was er aus dem Sozialprodukt entnimmt, zu entgelten durch das, was er in das Sozialprodukt hineingibt. Richtig gesehen, ist *nicht* der materielle Wert unserer Arbeitsleistung der Titel, auf den wir unseren Anspruch auf Unterhaltsmittel gründen; er ist vielmehr der Entgelt, den wir nach Maßgabe unserer Kräfte entrichten für das, was wir dem Sozialprodukt entnehmen.

Wenden wir diese Erkenntnis, die sich erst in jüngster Zeit in der katholischen Soziallehre durchgesetzt hat, an auf unser Problem der Arbeitsbeschaffung, der Erschließung von Arbeitsgelegenheit für die Menschen, denen es heute an dieser Gelegenheit fehlt, dann könnte das ein Schlüssel sein, um einen Ausweg aus der gegenwärtigen festgefahrenen Lage zu erschließen.

# IX
# Arbeitslosigkeit und Umweltzerstörung

Der Mangel an Behutsamkeit und Vorausdenken
hat Folgen

Arbeitslosigkeit und Umweltzerstörung, hängen viel enger zusammen als allgemein bekannt ist. Zum guten Teil ist es ein und dieselbe Ursache, die zu beiden geführt hat. Noch mehr besteht bei den Maßnahmen, die wir dagegen ergreifen, eine Vielfalt verwickelter Zusammenhänge. In unserer öffentlichen Diskussion finden sie bei weitem nicht die gebührende Beachtung; darum wird hier versucht, die Aufmerksamkeit für sie zu wecken und in ihr Verständnis einzuführen.

*Fehlerhafter Gebrauch der Macht*

Gemeinsame Ursache beider Übel ist der fehlerhafte Gebrauch der Macht, über die wir dank unserer immer vollkommeneren Kenntnis der Welt und der in ihr herrschenden Gesetze verfügen und die wir in unserer industriellen und organisatorischen Technik anwenden. Wir haben – in der Hauptsache wohl aus Unerfahrenheit, zum guten Teil aber auch leichtfertig – nicht beachtet, daß die gleichen Naturgesetze, deren wir uns zu den von uns bezweckten Erfolgen bedienen, unvermeidlich auch andere, nicht bezweckte, uns durchaus

---

*Arbeitslosigkeit und Umweltzerstörung.* Der Mangel an Behutsamkeit und Voraussicht hat Folgen, in: KNA, Katholische Korrespondenz, Nr. 33, 14. 8. 1984, S. 2–3 (= Kirche und Umwelt, Freiburg i. Br.), 7–9 (1984), (KNA/KK – 168/4).

unerwünschte, als schwere Schäden empfundene Folgen auslösen. So sind auch Arbeitslosigkeit und Umweltzerstörung zum großen Teil unerwünschte Folgen unseres Mangels an Umsicht oder an Verantwortungsbewußtsein beim Gebrauch der durch die ständig fortschreitenden wissenschaftlichen Erkenntnisse uns zugewachsenen Macht über die uns umgebende Welt.

Im Raume der Wirtschaft haben wir uns eine Ordnung gegeben, die unbestrittenermaßen zu beispielloser Entfaltung der Kräfte geführt hat. Irrtümlicherweise haben wir dabei unterstellt, und die klassische Nationalökonomie glaubte sogar beweisen zu können, diese Ordnung gewährleiste ohne weiteres ständige Vollbeschäftigung. Heute wissen wir aus Erfahrung, daß sie es nicht gewährleistet, und kennen sogar aus der Theorie die Gründe, warum sie es nicht leisten kann. Trotzdem hat unsere Wirtschaftspolitik sich bis jetzt noch nicht aus den eingefahrenen Gleisen und überholten Vorstellungen zu befreien vermocht. So haben wir eine Wirtschaft aufgebaut, in der die ständige Steigerung der Effizienz oder Produktivität der Arbeit zunehmend Arbeitskräfte „freisetzt", ohne daß gewährleistet wäre, daß sie an anderer Stelle wieder Einsatz zu nützlicher Arbeit und zu Erwerb finden. Die von der klassischen Nationalökonomie entdeckte Selbststeuerung der Wirtschaft durch innere Koordination war gewiß ein großer und an sich segensreicher Fortschritt; leider aber haben wir ihm mehr zugeschrieben, als er zu leisten vermag, und im Vertrauen darauf versäumt, das Nötige vorzukehren, um der Arbeitslosigkeit und ihrem stetigen Anstieg vorzubeugen. Demzufolge ist in unserer dynamisch-expansiven Wirtschaft das Risiko ständig steigender Arbeitslosigkeit institutionalisiert; wir leiden darunter und suchen verzweifelt nach Mitteln und Wegen, um ihr abzuhelfen oder sie wenigstens in Schranken zu halten.

Ähnlich verhält es sich bezüglich der Verwüstung oder Zerstörung der Umwelt. Unsere Kenntnis der physikalischen Gesetze hat uns instand gesetzt, die Reichtümer der Natur wirtschaftlich zu nutzen und so unseren Wohlstand aufzubauen, und dabei haben wir auch vor tiefen Eingriffen in die Natur nicht zurückgescheut. In der Natur bestehen nun aber eine Menge von Gesetzmäßigkeiten ökologischer Art, deren Mißachtung zu Störungen der Abläufe und zu schweren Schädigungen führt, und diese Schäden haben wir in um so höherem Grade angerichtet, je tiefere Eingriffe unsere immer höher entwickelte Technik uns ermöglichte. Einige dieser Gesetzmäßigkeiten waren uns bekannt; viele aber waren uns unbekannt, bis wir durch Schaden klug wurden.

So hat in beiden Fällen, Arbeitslosigkeit und Umweltzerstörung, unser Mangel an Behutsamkeit und Vorausdenken beim Gebrauch der durch unsere rationelle Technik uns verliehenen Macht die Folge gehabt, daß wir – zum großen Teil unwissentlich und zu unserem eigenen Erschrecken – die Schäden angerichtet haben, unter denen wir jetzt leiden. Soweit Unkenntnis die Ursache war, käme es jetzt darauf an, uns um die nötigen Kenntnisse zu bemühen; soweit die Fehler wissentlich und daher schuldhaft begangen wurden, bedarf es tieferer Einsicht und geschärften Verantwortungsbewußtseins.

*Ressourcenverbrauch und Umweltschädigung*

Hier seien die Zusammenhänge nur an einem einzigen Beispiel veranschaulicht, nämlich an der heute heiß umstrittenen Frage, ob wir unsere Arbeitslosigkeit durch Beschäftigungspolitik und dadurch herbeigeführte Mehrarbeit oder durch Arbeitszeitverkürzung und dadurch bessere Verteilung der Arbeit bekämpfen sollen. Ist die Beschäftigungspolitik erfolgreich und gelingt es ihr, an Stelle der „wegrationalisierten" Arbeitsplätze immer wieder nicht nur neue, rationellere Arbeitsplätze zu erstellen, sondern auch die „freigesetzten" Arbeitskräfte daran zu beschäftigen, dann wächst die Wirtschaft, das Sozialprodukt im Gleichschritt mit der steigenden Arbeitsproduktivität, und dieses Wachstum ist exponentiell. Zugleich damit wächst, wenn auch nicht notwendig ganz im gleichen Ausmaß, auch der Verbrauch an Rohstoffen und Energie. Da die verbrauchten Ressourcen sich immer nur zum Teil, niemals vollständig durch ‚recycling' wiedergewinnen lassen, aber auch die Wiederinstandsetzung der verwüsteten oder zerstörten Umwelt nicht nur Arbeit, sondern auch viel Material und Energie kostet, würde der für diese Vollbeschäftigungspolitik benötigte Mehrverbrauch von Ressourcen unvermeidlich, sei es früher, sei es später, auf jeden Fall aber in absehbarer Zeit, die Vorräte restlos aufbrauchen und diese Erde unbewohnbar machen.

*Wiederinstandsetzung der geschädigten Umwelt*

Anders der Weg einer mit dem Anstieg der Arbeitsproduktivität Schritt haltenden Arbeitszeitverkürzung. – Da wir dank dem technischen und organisatorischen Fortschritt die Güter nicht nur mit weniger Arbeit, sondern auch mit geringerem Aufwand an Material und Energie produzieren, führt diese Politik, die Arbeitslosigkeit zu bekämpfen, nicht zu mehr, sondern zu weniger Ressourcenverbrauch und entsprechend weniger Umweltschädigung. Soweit allerdings bereits angerichtete Umweltschäden wiedergutgemacht werden müssen, führt die dazu benötigte Arbeit zu einer ernsten Schwierigkeit im wirtschaftlichen Bereich. Die Organisation unserer Marktwirtschaft unterstellt stillschweigend, daß die Arbeiter durch ihre unterschiedlichen Produkte und deren Austausch einander wechselseitig entlohnen. Die Arbeit zur Wiederinstandsetzung der verwüsteten Umwelt erzeugt aber keine derart marktwirtschaftlich austauschbaren Produkte, sondern öffentliche und als solche dem entgeltlichen Austausch entzogene Güter wie gute Luft, blauen Himmel und anderes mehr. Infolgedessen läßt diese Arbeit sich marktwirtschaftlich nicht finanzieren. So führen die Sünden, die wir an unserer Umwelt begangen haben, uns mehr aus der Marktwirtschaft hinaus und in eine öffentliche Verwaltungswirtschaft hinein.

Dies nur als ein Beispiel für Zusammenhänge, die es verdienen, in unserer Wirtschaftspolitik viel sorgfältiger bedacht zu werden.

# X
# Ist Freizeit „produktiv"

Im Zusammenhang mit der Arbeitszeitverkürzung steht die Wertung der Freizeit heute in lebhafter Diskussion. Die herrschende Meinung war bisher, und in Unternehmerkreisen herrscht sie weithin auch heute noch, wenn wir Wachstum wollen, dann müssen wir es uns erarbeiten; wenn wir *mehr* Wachstum wollen, dann müssen wir entsprechend *mehr* arbeiten. Für diese Denkweise ist Freizeit nichts anderes als verlorene potentielle Arbeitszeit, verlängerte Freizeit vergrößerter Verlust an Arbeitszeit und entsprechend größerer *Verzicht* auf mögliches Wachstum. Soll das heute auf einmal nicht mehr zutreffen? Oder haben in unserer sich wandelnden Gesellschaft auch Arbeit, Freizeit und Wachstum einen anderen Sinn gewonnen, bedeuten Arbeit, Freizeit und Wachstum heute etwas anderes als gestern? Diese Frage heischt eine Antwort.

*Arbeit und Freizeit –
zwei Größen ein und derselben Dimension?*

Ganze Jahrzehnte lang waren wir geradezu *wachstumsbesessen*. Wir hatten uns daran gewöhnt, daß unsere Lebenshaltung unaufhaltsam stieg; für die Gewerkschaften wurde eine laufende Steigerung der Löhne zur Selbstverständlichkeit. Dieses Wachstum hat sich in-

---
*Ist Freizeit „produktiv"?* (Festrede, unveröffentlicht).

zwischen verlangsamt; manche meinen, es habe sich totgelaufen. Unumstößlich steht fest, daß es einmal auf eine unübersteigliche Grenze stößt, und sollte es der bisher zurückgebliebenen Mehrheit der Weltbevölkerung gelingen, einen ähnlichen Aufbrauch der nicht regenerierbaren Ressourcen und eine ähnliche Verwüstung der Umwelt zu betreiben, wie wir glauben, sie uns leisten zu dürfen, dann würden wir selbst *ohne* künftiges eigenes weiteres Wachstum schon in allernächster Zeit auf diese Grenze stoßen.

Für viele bedeutet eine solche Erkenntnis einen lähmenden Schreck; andere nehmen das zum Anlaß, über den *Sinn* eines solchen Wachstums nachzudenken, sich zu fragen, ob der Mensch mit wachsendem Reichtum solcher Art wirklich wächst, ob es außer *diesem,* auf unübersteigliche Grenzen stoßenden Wachstum des menschlichen Reichtums nicht noch anderes, *menschlicheres* Wachstum gibt, und ob auch dafür die alte Erfahrungswahrheit gilt, daß es durch *Arbeit,* wenn auch nicht durch immer mehr, d. i. immer längere Arbeits*zeit,* sondern durch klügere *Auswahl* und besonneneren oder besinnlicheren *Vollzug* und damit vielleicht sogar mit weniger Arbeitszeit erzielt werden könnte. Wäre es denkbar, daß einem *so* verstandenen Wachstum ein Mehr an *freier* Zeit nicht nur keinen Abtrag täte, sondern ihm zustatten käme?

Bleiben wir aber zunächst einmal im ökonomischen Bereich und prüfen, *ob* denn schon auch nur rein ökonomisch die Rechnung stimmt, daß der Verlust an Arbeitszeit, um den wir ein Mehr an Freizeit erkaufen müssen, einen ebensolchen Verlust an Sozialprodukt bedeutet. Sind denn wirklich Arbeitszeit und Freizeit zwei Größen ein und derselben Dimension „Zeit", deren konstante Summe immer genau 24 Stunden beträgt, so daß im Null-Summen-Spiel immer die eine so viel gewinnt, wie die andere verliert?

Rein äußerlich gesehen trifft das unbestreitbar zu; bei genauerem Zusehen erweist sich jedoch ein ganz anderer tieferer Zusammenhang: die freie Zeit ist eine *Frucht* der in der Arbeitszeit geleisteten *Arbeit*. In der Arbeitszeit schafft der Mensch die Unterhaltsmittel, die nicht nur seine Arbeitskraft immer wieder erneuern, sondern sein physisches Dasein schlechthin bei Bestand erhalten – nicht nur für die Stunden der Arbeit, sondern auch für den Freiraum an Zeit, der ihm verbleibt, um *aktiv und passiv* an allen Gütern menschlicher Kultur teilzunehmen. Das allein genügt, um die vulgärökonomische, um nicht zu sagen ökonomistische Sicht als irrig zu erweisen, für die Freizeit nichts anderes ist als *potentielle,* d. i. nicht genutzte, vergeudete Arbeitszeit. Freizeit ist schon zunächst einmal ein durch die in der Arbeitszeit geleistete Arbeit produziertes kostbares Konsumgut, das allerdings in unserer konventionellen volkswirtschaftlichen Gesamtrechnung nicht aufscheint. Aber nicht nur das; wir brauchen nur ein kleines Stück weiterzudenken, dann erweist Freizeit sich nicht nur als eines unserer wertvollsten Konsumgüter, sondern zugleich als im denkbar höchsten Maß *produktiv,* nämlich als die „Zeit, in der der Mensch ‚Zeit' hat'", kulturelle Güter nicht nur zu genießen, sondern unseren Besitz an kulturellen Gütern zu pflegen und zu mehren.

## Zur Begriffsbestimmung von Arbeitszeit und Freizeit

Schauen wir aber dennoch zunächst noch einmal genauer zu, was wir denn eigentlich *meinen,* wenn wir von Arbeit und Arbeitszeit einerseits und von Freizeit andererseits reden. Auch das soeben erschienene Taschenbuch „Arbeitswelt; Grundriß einer kritischen Soziologie der Arbeit" von Vilmar und Kißler, erwähnt zwar, daß es außer der abhängigen entlohnten Arbeit auch noch andere Arbeit gibt, stellt dann aber fest, daß 83% der *Erwerbs*arbeit (sic!) abhängige entlohnte Arbeit seien, und gewinnt dann nur dieser Art von Arbeit Interesse ab.

In der Tat, wenn wir von Arbeit und Arbeitszeit sprechen, meinen wir gar nicht Arbeit schlechthin, sondern eine ganz bestimmte *Art* von Arbeit, nämlich diejenige, die sich rechtlich, vor allem gesetzlich und tarifvertraglich *regeln* läßt und dank diesen Regelungen auch nach der Uhrzeit eindeutig von der Zeit, in der der Mensch davon *frei* ist, abgrenzen läßt; das ist in der Hauptsache die abhängige Lohnarbeit. Für den Mann, der nach vollendeter Arbeitszeit den Arbeitsplatz verläßt, beginnt eben damit die Freizeit. Der selbständig Erwerbstätige muß sich „freie Zeit" *nehmen;* einen Rechtsanspruch darauf hat er nicht; sie ist überhaupt kein Rechtsbegriff.

## Wandel von Freizeitbeschäftigungen

Aber schauen wir uns einmal außerhalb des wirtschaftlichen Raumes um und beobachten dabei zugleich den bemerkenswerten Wandel von einst zu jetzt.

Politik war einmal das Reservat der „Honoratioren", das heißt derer, die über mehr oder minder unbeschränkt viel *freie Zeit* verfügten. An der Politik konnte sich nur beteiligen, wer für seinen Lebensunterhalt nicht zu sorgen brauchte, an erster Stelle der Großgrundbesitzer, der seinen Boden nicht mit eigener Hand bearbeitete, sondern nur verwaltete, wenn er nicht auch das seinem „Verwalter" überließ. Hinzu kamen die Träger „freier Berufe", wie etwa Ärzte, Rechtsanwälte oder dergleichen, die ihren Beruf nicht um des Erwerbs halber, sondern „ehrenhalber", d. i. um der damit verbundenen *Ehre* willen ausübten und deren Leistungen deswegen auch nicht „bezahlt" oder „entlohnt", sondern „honoriert", nämlich durch eine Ehrengabe entgolten wurden, die sich nicht nach dem materiellen Wert der Leistung, sondern danach bemessen wurde, daß sie dem Berufsträger eine seiner beruflichen *Standesehre* gemäße Lebenshaltung gewährleisten und ihn der Notwendigkeit entheben sollte, seine Zeit und Kraft auf Beschaffung des Lebensunterhalts zu verwenden.

Beim Politiker hat sich das grundlegend gewandelt. Politik ist keine Freizeitbeschäftigung mehr; sie nimmt den Politiker voll in Anspruch. Der heutige Politiker lebt nicht nur *für* die Politik, sondern ganz selbstverständlich auch *von* der Politik. Politik ist Erwerbsberuf, in diesem Sinne schlichte „Arbeit" geworden. Die Tätigkeit der Freiberufler hat sich nicht ganz im gleichen Grade gewandelt, aber auch der heutige Freiberufler übt seinen Beruf nicht mehr der „Ehre" halber aus. Zwar läßt er sich für seine Dienste auch heute noch nicht „bezahlen", sondern immer noch „honorieren", aber er versteht sich selbst und wir verstehen ihn als Erwerbstätigen und seine Tätigkeit schlicht als Arbeit. Was einmal Freizeitbeschäftigung war, ist Arbeit und die dafür verwandte Zeit ist Arbeitszeit geworden.

Warum sollten nicht ebensogut andere Tätigkeiten, die heute einen Großteil unserer freien Zeit in Anspruch nehmen, künftig *Arbeit* werden oder als Arbeit gewertet werden mit der Folge, daß die darauf verwendete Zeit als Arbeitszeit zählen würde?

Bleibt denn nun aber nach alle dem noch deutlich, was wir *meinen*, wenn wir von Arbeit und Arbeitszeit und im Gegensatz dazu von freier Zeit oder im technischen Wortsinn von „Freizeit" reden? Nur so viel steht aus unserem Sprachgebrauch fest: wenn wir „Arbeit" sagen, denken wir *meist* ganz einseitig an die abhängige Arbeit in *fremden* Diensten, wie denn auch unsere konventionelle volkswirtschaftliche Gesamtrechnung in der Hauptsache diese Art von Arbeit ausweist und die auch unter unseren heutigen Verhältnissen *mengenmäßig* immer noch überwiegende unbezahlte Eigenarbeit unterschlägt.

Arbeit unterscheidet sich vom Spiel dadurch, daß wir sie nicht um ihrer selbst, sondern um des zu erzielenden Ergebnisses oder Erfolges willen tun. Was wir zum Spiel tun, das tun wir, weil es uns hier und jetzt Vergnügen bereitet. Die Anspannung unserer geistigen und/oder körperlichen Kräfte auf das zu erreichende Ziel hin macht den *ernsthaften* Charakter der Arbeit aus, den wir der Arbeit im Gegensatz zum Spiel zuschreiben. Der Lateiner hat dafür das Wort ‚arduum', worin dieses Moment der Anspannung noch deutlicher zum Ausdruck kommt.

*Arbeit und menschliche Zuwendung*

Dies voraufgeschickt wenden wir uns dem für unser physisches und kulturelles Leben grundlegenden und zugleich umfassendsten Bereich der *Eigen*arbeit zu, vor allem der Arbeit im Haushalt, sei es ohne oder mit zugehöriger Eigenwirtschaft wie im bäuerlichen Familienbetrieb oder in der Nebenerwerbswirtschaft im eigenen Gärtchen oder Kleintierstall.

Hier sollten wir uns die Frage stellen, und meiner Meinung nach sollten wir sie bejahen, ob denn von Vernunft und Rechts wegen *nur* die in der Hauptsache von der Hausfrau erbrachten *Leistungen* zur Arbeit zählen, und nicht vielmehr die *ganze* Zeit, in der Mann und Frau *für einander da sind* und die sie einander *schenken*. Gleichviel, ob in dieser Zeit Leistungen für einander erbracht werden oder nicht, ist doch die *Zuwendung* zu einander selbst eine Leistung von hohem menschlichen Wert.

Die *Zeit*, die Mann und Frau einander schenken, auch wenn sie, ohne daß etwas Bestimmtes geschieht, nur für einander da sind und damit ihre Achtung und Wertschätzung für einander und ihre liebende Verbundenheit zum Ausdruck bringen, ist keine vergeudete Zeit, ganz bestimmt keine vergeudete „potentielle Arbeitszeit", ist vielmehr im höchsten Grade *produktive* Zeit und trägt entscheidend bei zu einer auf die Dauer glücklichen Ehe. Ganz ebenso produktiv ist die Zeit verwendet, die die Eltern ihren *Kindern* schenken, auch wenn sie nur bei den Kindern sind und die Kinder sich unter ihrer Obhut geborgen fühlen und ihrer elterlichen Liebe bewußt sind. Auch ohne daß Vater oder Mutter sich an ihrem Spiel beteiligen oder bei den Schulaufgaben helfen, ist dies im höchsten Grade *pro-*

*duktiv* verwendete Zeit, in der die Eltern einen gewichtigen Teil ihres Eltern-Berufes erfüllen. – Kindererziehung wird nicht erst dadurch zu ernsthafter Berufstätigkeit, daß der Staat sie an sich zieht und durch bezahlte Sozialarbeiter ausführen läßt und sie nur für die drei ersten Lebensjahre des Kindes, denen gegenüber die Bürokratie allzu unbeholfen ist, zur Familie als seiner vermeintlichen Außenstelle hinausverlagert.

### Dienst am Mitmenschen

Was vom Familienleben und der in der Familie einander erwiesenen *Zuwendung* und der einander geschenkten Zeit gilt, trifft weitgehend auch auf die sogenannten *Dienstleistungsberufe* zu. Auch bei ihnen kommt es vielfach nicht so sehr auf die erbrachten oder zu erbringenden Leistungen an als auf die dem ratsuchenden oder hilfsbedürftigen Menschen geschenkte *Zeit*. Das gilt namentlich von den sogenannten Pflegeberufen.

Im heutigen Krankenhaus werden mehr und mehr Leistungen von den Apparaturen erbracht, aber das apparatisierte Krankenhaus ist entmenschlicht. Der Leidende aber braucht einen Menschen bei sich, von dem er spürt, daß *er* sich seiner annimmt. Dem von den Apparaten bereits abgeschalteten Sterbenden kann auch die barmherzige Schwester, die bei ihm wacht, keinen anderen Dienst mehr tun als eben *bei ihm* zu sein, vielleicht ihm noch die Hand halten und, solange es noch möglich ist, *mit* ihm und dann nur noch *für* ihn zu beten und so sein Sterben menschlich und menschenwürdig machen.

Sind aber diese Dienste am hilfsbedürftigen, notleidenden, kranken und sterbenden Menschen wirklich

"Arbeit"? Die katholische barmherzige Schwester – und dasselbe trifft bestimmt auch für die evangelische Diakonisse zu – übt diese Dienste *nicht* um des Erwerbes willen aus, sondern aus Antrieb der Liebe Christi. Trotz der Anstrengung und nicht selten Übermüdung ist das für sie nicht „Arbeit", sondern „Dienst", und so wurden denn Dienste dieser Art bis in jüngere Zeit überhaupt nur aus religiösem Beweggrund geleistet. Heute werden sie in immer größerem Ausmaß auch erwerbsberuflich geleistet, und das erwerbsberufliche Ziel braucht die liebevolle Hingabe an den Beruf und die Zuwendung zum hilfsbedürftigen Mitmenschen keineswegs auszuschließen. Ebenso aber braucht auch die von den Angehörigen oder Freunden dem Patienten durch Krankenbesuche geschenkte Zeit durchaus keine verlorene „potentielle Arbeitszeit" zu sein; sie kann sogar entscheidend zur Genesung des Patienten beitragen, indem sie ihn ermutigt und seinen Willen aufrichtet, gesund werden zu *wollen* und seine unentbehrliche Mitwirkung dazu zu leisten.

*Arbeit und Gebet*

Bei der barmherzigen Schwester war uns eine neue Alternative begegnet, nicht Arbeitszeit oder Freizeit, sondern Arbeit und Gebet. Bedeutet die dem Gebet gewidmete Zeit einen Verlust an „potentieller Arbeitszeit" und umgekehrt? Oder ist für einen solchen Beruf die dem Gebet gewidmete Zeit die *Quelle,* aus der die Kraft und die Einsatzfreude *für* den Dienst entspringt? Haben wir – das ist eine Frage, die gerade die Kirchen sich stellen müssen – nicht fahrlässig zugelassen, daß, während die Apparaturen den Schwestern immer mehr von ihrem Dienst an den Kranken abnahmen, die Ansprüche der Ärzte auf Dienste der Schwestern immer höher stiegen und diese überlasteten mit der Folge, daß ihnen immer weniger freie Zeit bleibt für das Gebet und die innere Sammlung, und daß damit die *Quelle austrocknet,* aus der nicht nur die rückhaltlose Hingabe an den Beruf, sondern auch der berufliche Nachwuchs entspringt?

Scheint die Formel ‚ora et labora', „bete und arbeite", unter der der Benediktinerorden Wesentliches zur Kolonisierung und Zivilisierung unserer nördlichen Länder beigetragen hat, mindestens wörtlich verstanden „beten" und „arbeiten" ähnlich unserem Begriffspaar Arbeitszeit/Freizeit als zwei sachlich verschiedene und demzufolge deutlich gegen einander *abgrenzbare* Bereiche zu verstehen, die sich in die 24 Stunden des Tages teilen und um ihre Anteile daran mit einander streiten, so gibt es doch auch für Arbeit und Gebet, Arbeitszeit und Gebetszeit und ihre wechselseitigen Beziehungen noch ein anderes grundsätzliches Verständnis, nämlich beide weitgehend *in eins zu setzen* und einander durchdringen zu lassen – ähnlich wie ich darzulegen versucht habe, daß bei guten Eltern die ihren Kindern gewidmete und mit ihnen zugebrachte Zeit nicht auf Kosten oder zu Lasten der Zeit geht, in der sie den Lebensunterhalt für die Kinder schaffen oder herbeibringen, dies vielmehr nur zwei verschiedene Seiten der Erfüllung eines und desselben Vater- und Mutterberufes sind.

*Zusammenfassung*

Von Anfang an ging es mir darum, die Vorstellung eines reinen *Nebeneinanders* von Arbeitszeit und Freizeit, soweit man die letztere nicht definitorisch als terminus technicus für die *über* die gesetzlich oder tarifvertraglich zulässige Arbeitszeit hinausgehende Zeit versteht, zu erschüttern oder richtiger gesagt umzustürzen, einmal, weil zwischen Arbeitszeit und arbeitsfreier Zeit gewichtige *innere Zusammenhänge* bestehen, zum anderen Mal, weil der Begriff „Arbeit", wenn man ihn nicht von vornherein auf die gesetzlich oder tarifvertraglich regelbare abhängige Arbeit in fremden Diensten einschränkt, schlechterdings keine scharfen Grenzen aufweist. Ich habe versucht darzutun, daß unsere Sprache überhaupt keinen eindeutigen Begriff „Arbeit" kennt und vielen Tätigkeiten, die um ihrer Zielstrebigkeit und um des Verantwortungsbewußtseins willen, mit dem sie ausgeführt werden, unbedingt verdienten, als „Arbeit" anerkannt zu werden, diese Anerkennung versagt.

Viele dieser menschlichen Betätigungen sind ausgesprochenermaßen „produktiv", ja sie sind es, die dem Ergebnis des industriellen Produktionsprozesses erst ihren menschlichen Wert verleihen.

# XI

# Beschäftigung und Arbeitsteilung in einer künftigen Gesellschaft – ein Wunschtraum?

Vorausgesetzt wird, daß die Arbeitsproduktivität weiterhin in ähnlicher Weise steigt, wie wir es im agrarischen und industriellen Sektor selbst miterlebt haben und im tertiären Sektor es gerade zu erleben beginnen. Weiter sei vorausgesetzt, daß die in unserem Volk steckende Bildungsreserve immer weiter ausgeschöpft und die große Mehrheit unserer Bevölkerung an höherer Schulbildung teilhaben wird. Diese in den letzten Jahren mit aller Entschlossenheit betriebene Entwicklung wird (oder kann jedenfalls) dahin führen, daß höhere Bildung nicht mehr wie bisher ohne weiteres das Privileg mit sich bringt, nur noch ihr entsprechende Tätigkeiten auszüben, aber keine niederen Arbeiten mehr verrichten zu müssen. Für die Frauen ist dem heute schon in gewissem Grade so weit; nicht wenige Frauen mit akademischen Graden besorgen die Haushaltsarbeiten, während Männer gleichen Bildungsgrades sich heute noch gestatten können, das als unter ihrer Würde abzulehnen. Wenn es einmal nicht mehr ausreichend Arbeitskräfte *ohne* höhere Schulbildung mehr geben wird, denen wir die ganze Drecksarbeit aufhalsen können, dann wird gar nichts anderes mehr übrig bleiben, als daß auch Höhergebildete sich an ihr beteiligen. Ich würde das sogar begrüßen.

---

*Beschäftigung und Arbeitsteilung in einer künftigen Gesellschaft* – ein Wunschtraum, in: kontraste/impuls 25 (1985) Nr. 1, S. 32–37.

## Ein Wunschtraum?

Jede menschliche Arbeit, gleichviel ob sauber oder dreckig, hat Anteil am Adel der menschlichen Person, an der Menschenwürde. Deswegen darf uns keine Arbeit unter unserer Würde sein, und ist die Geringschätzung, die gesellschaftliche Mißachtung der groben physischen und insbesondere der schmutzig machenden Arbeit und derer, die sich dieser Arbeit unterziehen und uns andere von ihr entlasten, im Grunde genommen ein Verstoß gegen ihre Menschenwürde. So könnte ich mir gut vorstellen, daß an dem geringen Ausmaß von Arbeit, deren es immer noch bedürfen wird, um Sachgüter herzustellen und die groben Dienstleistungen (z. B. Müllabfuhr) zu erbringen, die wir für unseren Lebensunterhalt benötigen, *alle*, die im erwerbsfähigen Alter stehen, mit einem verhältnismäßig *geringen* Teil ihrer Zeit und Kraft beteiligt wären und damit ihren Lebensunterhalt erwürben, dagegen *überwiegend* andere Tätigkeiten ausüben, worunter ich die Berufe, Vater oder Mutter zu sein, caritative Wirksamkeit und Sozialarbeit ganz ebenso hoch einstufe wie Wirksamkeit im öffentlichen Leben als Wissenschaftler oder Künstler, als beamteter Staatsdiener oder als gewählter Volksvertreter.

Dank ihrer ums hundertfache gestiegenen Produktivität sinkt die zur Beschaffung der Unterhaltsmittel nötige Arbeit, die in aller Vergangenheit den weitaus größten Teil aller Menschen voll auslastete – überspitzt gesagt –, zu einem bloßen Hilfsgeschäft herab, das sozusagen nebenher erledigt werden kann und an dem deswegen auch diejenigen sich beteiligen können, die im Hauptberuf höheren kulturellen Tätigkeiten obliegen, in denen der Mensch die ihm von Gott geschenkten Gaben nicht zum Erwerb des Lebensunterhaltes ausübt, sondern um seinem Leben einen sinnvollen Inhalt zu geben und seinen Mitmenschen zu dienen.

Ganz neu ist eine solche Vorstellung übrigens auch nicht; nur eine Verumständung ist neu. Zwar besteht in zurückgebliebenen Ländern auch heute noch sowohl der Bedarf als auch die Möglichkeit, durch sog. Arbeitsbeschaffungsmaßnahmen die Menge der zur Beschaffung von Unterhaltsmitteln dienenden Arbeit zu erhöhen und dadurch mehr arbeit- und erwerbsuchenden Menschen in Beschäftigung zu bringen und die Bevölkerung reichlicher mit Unterhaltsmitteln zu versorgen. Dagegen besteht in den fortgeschrittenen Ländern heute diese Möglichkeit, wenn überhaupt noch, so doch nur in sehr begrenztem Ausmaß und dürfte auf die Dauer so gut wie ganz entfallen. Infolgedessen stehen wir von dieser Seite her unter dem zwingenden Druck, unser Arbeitsleben umzugestalten; nur diese unsere Lage ist neu.

Aus bester deutscher Überlieferung, nicht zuletzt vom Ethos des alten preußischen Beamtentums, wovon wir in Art. 131 des Grundgesetzes noch einen Nachhall vernehmen, ist uns der Unterschied vertraut zwischen Arbeiten, für die man sich *bezahlen* läßt, und Tätigkeiten, die unbezahlbar sind und für die man deswegen auch kein Entgelt, keine Entlohnung empfängt, die man vielmehr „ehrenhalber" und darum unentgeltlich leistet. Für Tätigkeiten dieser Art wird man „honoriert", das heißt erhält eine Ehrengabe, die insoweit auch materiell sein kann, als sie der Notwendigkeit enthebt, sich durch Erwerbstätigkeit den Lebensunterhalt beschaffen zu müssen, und dadurch frei ist, seine ganze Zeit und Kraft dem „Dienst" zu widmen.

Nach guter deutscher Herkunft war der öffentliche Dienst kein Erwerbsberuf; „belohnt" wurde der Beamte durch Beförderung, nämlich Aufstieg in der Hierarchie der Dienste, sowie durch Auszeichnung mit Titeln und Ehrenzeichen; Gehalt, Ruhestands- und Hinterbliebenenbezüge waren keine Bezahlung der geleisteten Dienste, sondern Versorgung, die dem Staatsdiener gestattete, ohne Sorge für sich und seine Familie sich ganz seinem Dienst hinzugeben.

Dasselbe kannten wir auch in der sogenannten freiberuflichen Wirksamkeit. Der Arzt wurde nicht nach irgendwelchen Gebührenordnungen für seine einzelnen Maßnahmen entlohnt. Die wohlhabenden Familien drückten ihrem Hausarzt ihre Wertschätzung und ihren Dank für seine Dienste und das Vertrauen, das sie in seine Bereitschaft setzten, jederzeit mit seiner Beratung und seiner Hilfe zur Verfügung zu stehen, durch eine Ehrengabe in Geld aus, woraus er den Lebensunterhalt für sich und seine Familie und seine Kosten bestritt. Arme Kranke, das verstand sich von selbst, behandelte er unentgeltlich. Durch die Sozialversicherung ist das anders geworden.

Ich will es nicht auf den alten Stand zurückführen, erwähne es vielmehr nur als Beispiel dafür, daß wir schon immer den Unterschied kannten zwischen Arbeit, die Anspruch auf Bezahlung nach Wert und Gegenwert hat und um der Bezahlung willen geleistet wird, und Tätigkeiten, die man ausübt, weil man darin etwas Vernünftiges und Sinnvolles, etwas für einzelne Mitmenschen oder für die menschliche Gesellschaft Erfreuliches, Nützliches oder Notwendiges erblickt und *„für die"* man mit dem Unterhalt versorgt wird, den man benötigt, um sich ungeteilt ihnen widmen zu können. Diese Unterscheidung ist leider stark in Verfall geraten und ist in Gefahr, ganz verloren zu gehen. Ihr liegt aber ein tiefer Sinn zugrunde; sie sollte unbedingt erhalten bleiben oder, wenn nötig, wieder zu Leben und Bewußtsein erweckt werden.

Menschliche Gesellschaft ist nun einmal *mehr* als Begegnung in entgeltlichem Leistungsaustausch.

Für den Bereich der Unterhaltsfürsorge hat die Marktwirtschaft sich als leistungsfähig erwiesen und haben wir bisher keine bessere Lösung ausfindig machen können und halten darum an ihr fest. Aber das menschliche Leben ist mehr als Wirtschaft, und für das, was es „*mehr* als Wirtschaft" ist, sollte man es nicht mehr als unvermeidlich in Formen des entgeltlichen Tauschverkehrs kleiden und als (Markt-)wirtschaft betreiben. Vor allem menschliche Arbeit ist *mehr* als diejenige Arbeit, die am Arbeitsmarkt angeboten und nachgefragt wird. Solange wir nur an die durch Gesetz und Tarifvertrag geregelte und am Arbeitsmarkt gehandelte Arbeit denken, werden wir mit dem Problem der immer weiter steigenden Arbeitsproduktivität und der von ihr ausgelösten Freisetzung von Arbeitskräften nicht fertig. Eine Lösung finden wir nur, wenn wir die menschliche Arbeit im Ganzen ins Auge fassen. Recht verstanden und recht genutzt ist die ständig steigende Arbeitsproduktivität kein Fluch, sondern ein Segen. Aber dieses rechte Verständnis erfordert von uns in vielem, das uns bisher selbstverständlich war und gar nicht anders möglich erschien, ein hohes Maß von Umdenken. Dazu gab Gott uns den Verstand und will, daß wir ihn gebrauchen.

Oswald von Nell-Breuning

# Worauf es mir ankommt

Zur sozialen Verantwortung

Der bekannte Sozialwissenschaftler betrachtet dieses Buch als sein Vermächtnis.

„Eindringlichere Analysen der Kernprobleme gesellschaftlichen Zusammenlebens dürfte man in solch komprimierter Form nur selten zu lesen bekommen ... Oswald von Nell-Breuning ist ein großer Lehrer" (Frankfurter Allgemeine Zeitung).

„Der Autor weist nicht nur auf Konflikte hin, sondern bietet auch Lösungsmöglichkeiten an und weist den Weg der christlichen Weltverantwortung. In seiner Person kommt beides zusammen: ungewöhnliche Sachkenntnis und gläubiges Bekenntnis" (Der Überblick).

„Jeder, der in Wirtschaft und Gesellschaft Verantwortung trägt, sollte sich mit diesem Buch befassen. Es spricht an, hilft und führt weiter" (Die Helmstatt).

3. Auflage. 96 Seiten, Paperback.
ISBN 3-451-19950-5

*Verlag Herder Freiburg · Basel · Wien*

Dietmar Mieth

# Arbeit und Menschenwürde

*Alle Ideologien versagen, wenn es um die Neuverteilung von Arbeit geht. Gefragt ist ein radikaler Bewußtseinswandel.*

Beim Stichwort Arbeit denken die meisten Menschen nur an ihren eigenen Arbeitsplatz, an die eigene Sicherheit – oder an das schwere Schicksal der Arbeitslosigkeit. Aber Arbeit bringt viel mehr in Bewegung. Ihre strukturbedingte Änderung bewegt die gesamte Gesellschaft, fragt neu nach der sozialen Gerechtigkeit. Dietmar Mieth, Professor für Moraltheologie an der Universität Tübingen, tritt in diesem neuen Buch für die grundlegende Neubesinnung von Arbeit ein. Was heißt Arbeit in Zukunft? Was heißt Tätigkeit?

120 Seiten, Paperback.

ISBN 3-451-20399-5

*Verlag Herder Freiburg · Basel · Wien*